工会
财务工作
百问百答

祝映兰◎编著

GONGHUI
CAIWU GONGZUO
BAIWEN BAIDA

中国工人出版社

前言

PREFACE

工会财务工作是与工会组织的产生、存在和发展紧密相连的工会经济管理工作，承担着收好、用好、管好工会经费的任务，是工会整体工作中一个必不可少的重要组成部分。

在国家经济和社会转型升级的关键时期，党的十九大报告、中央党的群团工作会议和工会改革都对工会财务工作提出了新要求。为高质量地做好工会财务工作，围绕工会财务的现实特点，笔者选取了最基础、最重要的110个问题，按照一定的逻辑关系，分别从基础知识、收好工会经费、用好工会经费、管好工会经费、常见疑难困惑问题五个方面予以介绍。

基础知识部分，主要回答工会财务工作的主要任务、特点，和企业财务工作有何区别，工会财务体制、财务管理层级，工会财务管理的内容等问题。

收好工会经费部分，主要回答工会经费的来源，如何收好工会经费，每一项工会经费收入管理的要点等问题。

用好工会经费部分，主要回答工会经费的使用方向和支出范围，每一项工会经费支出项目的要点，工会经费使用“八不准”的具体内容等问题。

管好工会经费部分，主要回答各级工会如何做到工会经费独立管理，如何编制审批工会预算和决算，如何做好工会财务监督工作等问题。

常见疑难困惑问题部分，主要回答劳务派遣工的工会经费应如何拨缴，基层工会在逢年过节慰问会员时应注意哪些问题，基层工会应如何划分工会经费与企事业单位行政方面的有关费用等问题。

另附《工会财务工作自测题》供工会财务人员学习巩固；还附了与工会财务工作密切相关的法律法规制度，以备读者在实务工作中查阅之需。

笔者长期从事工会财务及教学工作，深感财务工作的严谨性。在编著本书时满怀虔诚之心，试图针对每一个具体问题都能找到相应的制度依据，从而全面、精准、有理有据地阐释问题，以解工会财务实际工作所需。在本书编写过程中，得到了中华全国总工会相关部门的大力支持，在此深表感谢。但因时间仓促和能力所限，对制度精髓的把握和实务理解可能存在偏差，书中难免有不准确的地方，欢迎广大读者批评指正并请将您的意见和建议反馈到 lanny317@126.com，让我们共同努力，为工会财务工作高质量发展贡献绵薄之力。

编　者

2021 年 7 月

目录

C O N T E N T S

第四部分
管 好 工会经费

JI CHU ZHI SHI

第一部分

基础知识

1 什么是工会财务工作?

（1）工会财务工作是工会工作必不可少的重要组成部分。工会财务工作是指各级工会组织及其所属企事业单位，在谋求自身生存发展和履行工会的社会职能过程中，发生的筹集、分配、运用、管理资金的活动及其所体现的经济关系。

（2）工会财务工作包括会计核算和财务管理两个部分。两者都是以工会组织的资金运动为对象，以发挥工会组织职能作用、维护工会组织稳定发展、提高工会经费资金使用效益为目的的经济管理活动。

（3）工会会计核算侧重于记录、反映和监督经济活动过程及其成果，其具体工作包括填制会计凭证、登记会计账簿和编制会计报表等；工会财务管理侧重于工会财务预测、财务决策、控制和参与工会内外部经济内容和经济关系的宏观调节，其具体工作包括财务管理体制与经费分成，预决算管理，经费收缴、使用和管理，财务监督检查，等等。

2 工会财务工作的主要任务是什么?

工会财务工作的主要任务是收好、用好、管好工会经费。

（1）收好经费是基础，就是要依据《中华人民共和国工会法》（以下简称《工会法》）、《中国工会章程》的规定，积极组织收入，不断提高工会经费收缴率，并按时足额地上缴经费。

（2）用好经费是目的，就是要按照“统筹兼顾、保证重点”的原则，在资金上为工会开展的各项工作，尤其是为各时期工会重点工作提供财力保证，并不断提高工会经费的使用效益。

（3）管好经费是手段，就是要按照《工会法》赋予的职权，由中华全国总工会（以下简称“全国总工会”）确定独立管理经费的财务体制，建立健全各项财务制度，并对各级工会财务工作实施指导和监督。

3 工会财务工作有何特点?

工会财务工作具有三个鲜明的特点：独立性、法定性、群众性。

（1）独立性：独立自主的经费管理体制。

一是工会经费独立。《工会法》第四十四条规定：“工会应当根据经费独立原则，建立预算、决算和经费审查监督制度。”这是法律赋予工会组织独立管理工会经费的职责。各级工会应该按照法律规定和全国总工会有关文件的要求，依法做好工会经费独立管理工作。

二是工会经费使用管理办法由全国总工会制定。《工会法》第四十二条规定：“经费使用的具体办法由中华全国总工会制定。”这是法律赋予全国总工会制定经费使用办法的职责。近年来，全国总工会根据《工会法》《中华人民共和国会计法》（以下简称《会计法》）、《中华人民共和国预算法》（以下简称《预算法》）、《中国工会章程》和国家有关规定，建立了一整套工会经费使用管理办法。

三是工会财务体制独立。根据法律规定，各级机关、事业单位、企业和其他社会经济组织可独立或联合成立工会委员会。为保证工会组织的稳定发展和职责履行，必须建立与工会组织体系统一的财务体制。目前，中国工会实行“统一领导、分级管理”的工会财务体制。

（2）法定性：法律确定的经费来源渠道和用途。

《工会法》第四十二条明确规定：“工会经费的来源：（一）工会会员缴纳的会费；（二）建立工会组织的企业、事业单位、机关按每月全部职工工资总额的百分之二向工会拨缴的经费；（三）工会所属的企业、事业单位上缴的收入；（四）人民政府的补助；（五）其他收入。”

《工会法》第四十五条规定：“各级人民政府和企业、事业单位、机关应当为工会办公和开展活动，提供必要的设施和活动场所等物质条件。”第四十八条规定：“县级以上各级工会的离休、退休人员的待遇，与国家机关工作人员同等对待。”第四十一条规定：“企业、事业单位、机关工会委员会的专职工作人员的工资、奖励、补贴，由所在单位支付。社会保险和其他福利待遇等，享受本单位职工同等待遇。”

同时，《工会法》第四十二条还明确规定：“工会经费主要用于为职工服务和工会活动。”目前，工会经费除开支县级及部分省级工会为乡镇（街道）、开发区（工业园区）工会以上的工会维持运转的基本支出外，基层工会经费全部用于为职工服务和工会活动等事项。

（3）群众性：工会财务工作区别于企业、事业、行政财务的最大特点就是具有广泛的群众性。

工会经费主要来源于单位按职工工资总额的 2% 向工会拨缴的经费，其性质属于公共资金；与此同时，工会经费主要用于为职工服务和开展工会活动，资金的最终受益对象是广大职工群众。

4 工会财务管理的内容有哪些？

工会财务管理的内容主要包括工会经费收入管理、工会经费支出管理、工会预决算管理、工会财务监督等。

（1）工会经费收入管理。工会经费收入是各级工会服务职工和开展工会活动的资金基础，各级工会要通过建立和健全各项收入管理制度，按照法定收入来源渠道依法组织好各项收入，尤其是要加强拨缴经费收入的管理。

（2）工会经费支出管理。工会经费的使用过程反映了工会工作的各项内容，工会经费使用的结果是评价工会财务管理绩效的重要标准。各级工会要通过建立和健全各项支出管理制度，加强各项工会经费支出的管理，进一步优化工会经费支出结构。

（3）工会预决算管理。工会预决算管理是收好、管好、用好工会经费的重要手段。各级工会要按照《工会预算管理办法》《工会决算报告制度》等要求做好工会预算的编制、审批、调整、执行、决算各个预算环节的管理。

（4）工会财务监督。为了更好地维护财经纪律，强化内部控制，规范财务行为，提高资金效益，各级工会要加强工会财务监督检查。工会财务监督实行“统一领导、分级负责、下管一级”的工作体制。基层工会应按照全国总工会和上级工会的要求，加强财务管理制度建设，健全完善并严格执行财务管理制度，积极支持配合上级工会财务监督。

5 工会实行的是怎样的财务体制?

《中国工会章程》第三十九条规定：“根据经费独立原则，建立预算、决算、资产监管和经费审查监督制度。实行‘统一领导、分级管理’的财务体制。”

（1）统一领导。统一领导就是全国总工会对全国各级工会的财务工作实行统一领导。全国总工会通过制定统一的工会财务工作方针政策和财务制度与纪律，实行财务监督，来实现其领导职责。各级工会组织及其所属单位，要严格执行，自觉接受全国总工会的统一领导，保证工会组织的完整性和统一性；统一领导要求各级工会委员会（常委会）应当对财务工作实行集体领导，凡财务工作中的重大问题和重大开支项目要经集体研究决定。

（2）分级管理。分级管理就是在全国总工会统一制定的财会工作政策、制度、纪律制约下，对地方总工会和按产业系统管理经费的产业工会，确定财务管理层级、经费分成比例以及各层级工会财务管理的职责权限。各级工会应按照规定，履行自己的职能，独立负责地开展财务管理工作。

分级管理的内容主要包括：按照工会层级，由各级工会管理本级各项经费；由各级编制本级预决算；按级向本级会员大会或者会员代表大会和上一级工会报告经费收支情况和资产管理情况。

注意：分级管理不等于分散管理。各级工会的财务工作应由财务部门归口管理，以充分发挥财务部门的专业优势。归口管理就是财务部门统一组织、管理、协调工会财务工作。凡涉及工会与政府、行政的财务关系问题的，均应归口到财务部门与之对口处理；凡涉及工会财务体制及财务政策、规章制度方面的文件，均应由财务部门起草或审查，经主管领导和本级工会委员会（常委会）批准下达执行，其解释权限归口财务部门。未经财务部门同意，其他部门不得对财务问题做出规定和解释。各级工会的所有资金，均应由财务部门统一核算、统一管理。

6 工会财务管理的层级是怎样的？

工会财务管理的层级是根据工会组织体制划分的工会财务

管理的级次。为保证每一级工会正常开展工作，需要确定每一级的工会经费的分成比例。

《中国工会章程》第十一条规定："中国工会实行产业和地方相结合的组织领导原则。"根据这一组织领导原则，全国工会财务管理层级分为五个层级。

（1）一级经费管理单位：中华全国总工会。

（2）二级经费管理单位：省、自治区、直辖市总工会和按产业系统独立管理经费的全国性产业工会，全国一共35个二级经费管理单位。其中，31个为省级地方工会；3个为按产业系统为主实行垂直管理的全国性产业工会，即中华全国铁路工会、中国民航工会和中国金融工会；1个为中央和国家机关工会联合会。

（3）三级经费管理单位：地市（州、盟）级总工会或垂直管理经费的省级产业工会。

（4）四级经费管理单位：县（旗、市）级或垂直管理经费的地市级产业工会。

（5）五级经费管理单位：基层工会，即企业、事业单位、机关和其他社会组织单独或联合建立的基层工会委员会。

注意：根据《中华全国总工会办公厅关于在部分地区开展规范乡镇（街道）工会财务工作试点的通知》（总工办发〔2009〕35号）的规定，按照"统一领导、分级管理"的工会财务体制，乡镇（街道）工会应作为财务管理的一个层级。暂不作为一级预算管理单位的乡镇（街道）工会，由省一级工会根据自身情况，从实际出发，采取适当方式解决其经费来源，保证其开展工作必需的经费。

7 工会财务工作和企业财务工作有何区别?

我国工会是中国共产党领导的职工自愿结合的工人阶级群众组织，是社会团体，属于非营利性组织；而企业是依法设立的以营利为目的、从事商品生产经营和服务活动的独立核算的经济组织。所以，工会财务工作既有预算会计的属性又具有财务会计的属性；企业财务工作属于财务会计的范畴。两者在会计核算和财务管理上的区别如表 1 所示。

表 1：工会财务工作和企业财务工作的比较

项目		企业财务工作	工会财务工作
会计核算	依据	《企业会计准则》、会计制度等	《工会会计制度》《工会法》《中国工会章程》等
	基础	权责发生制	以收付实现制为基础，以权责发生制为补充
	要素	资产、负债、所有者权益、收入、费用、利润	资产、负债、净资产、收入和支出
	计量	多种计量属性	历史成本
	报告	4 张报表 + 附注： 资产负债表、利润表、现金流量表、所有者权益变动表；附注	2 张主表 +3 张附表 + 附注： 资产负债表、收入支出表；财政拨款收入支出表、国有资产情况表、成本费用表；附注

续 表

项目		企业财务工作	工会财务工作
财务管理	目标	经济效益的最大化	公共福利的最大化：面向工会、服务职工
	原则	量出为入	量入为出
	预算	弹性	刚性

8 工会财务会计管理规范化建设的内容和要求有哪些？

根据全国总工会制定的《工会财务会计管理规范》，各级工会财务会计管理规范化建设应包括的内容和具体要求如表2所示。

表2：工会财务会计管理规范化建设内容及具体要求

规范化建设内容		具体要求
会计机构设置和人员配备	1. 组织建设	要按照《会计法》《会计基础工作规范》《工会会计制度》以及全国总工会的有关规定设置财务会计机构、配备业务素质相适应的专兼职会计人员
	2. 岗位职责	要明确会计人员工作岗位职责；会计人员的任免、调动或离职要符合相关规定
	3. 从业条件	会计人员要持有会计从业资格证书，每年要接受继续教育培训
财务管理	4. 制度建设	要建立健全各种内部财务会计管理制度

续 表

规范化建设内容		具体要求
财务管理	5. 预决算管理	要按照《工会预算管理办法》的规定，做好预算的编制、审批、执行、调整、决算等各环节的工作
	6. 货币资金管理	现金管理要符合《现金管理暂行条例》；银行存款管理要符合《人民币银行结算账户管理办法》；支付结算要符合《支付结算办法》
	7. 内部控制	不相容职务要相分离：出纳人员不得兼任稽核、会计档案保管和收入、支出、费用、债权债务账目的登记工作；不得由一人办理货币资金业务的全过程；不能由一人保管支付款项所需全部印章
	8. 审批制度	要建立严格的经费开支程序和授权批准制度以及重大开支集体研究决定
	9. 票据管理	各种票据的领购、使用和保管要符合《票据管理制度》
会计核算及会计档案	10. 账务处理	要按照《工会会计制度》的要求，正确使用会计科目进行账务核算
	11. 原始凭证	原始凭证的格式、内容、填制方法、审核程序等要符合规定要求
	12. 记账凭证	记账凭证内容、填制方法、所附原始凭证、更正错误方法等符合规定要求，有关人员签章齐全、字迹清楚、装订整齐
	13. 会计账簿	会计账簿设置要齐全，有总账、明细账、日记账、必要的辅助账簿和备查账簿；各类账簿的启用、登记、结账、错误更正方法符合国家有关规定和《工会会计制度》，记账及时，文字规范

续 表

规范化建设内容		具体要求
会计核算及会计档案	14. 账实情况	账证、账账、账表、账实核对要相符
	15. 会计报表	会计报表数字准确、内容完整、报送及时；需经会计主管人员和单位负责人审阅签章并加盖审查公章后上报
	16. 会计档案	会计凭证、会计账簿、会计报表和其他会计资料要按照国家有关规定定期整理归档、妥善保管；调阅和销毁要符合规定手续

9 工会会计的属性是什么，其要素包括哪些?

工会会计兼具预算会计和财务会计的属性。2021 年 4 月 14 日，财政部修订发布了《工会会计制度》(以下称“新《工会会计制度》”)，自 2022 年 1 月 1 日起施行。根据新《工会会计制度》第一章总则第八条规定，工会会计处理一般采用收付实现制，部分经济业务或者事项应当按照本制度的规定采用权责发生制。

根据新《工会会计制度》第一章总则第九条规定，工会会计要素包括：资产、负债、净资产、收入和支出。其平衡公式为：资产 = 负债 + 净资产。

10 工会应设置哪些账簿?

根据《工会财务会计规范管理》第十八条规定，工会应设置总账、明细账、日记账、必要的辅助账簿和备查账簿。

（1）明细账：包括各类收入明细账、各类支出明细账、拨缴经费收入台账、固定资产明细账、往来款项明细账等；

（2）日记账：包括现金日记账、银行存款日记账；

（3）必要的辅助账簿：如财政划拨工会经费辅助账、税务代收工会经费辅助账等；

（4）备查账簿：如低值易耗品备查账、呆坏账处理备查账等。

11 工会财务报表主要包括哪些内容?

根据新《工会会计制度》的规定，工会财务报表是反映各级工会财务状况、业务活动和预算执行结果的书面文件，包括会计报表和附注。会计报表分为主表和附表，主表包括资产负债表和收入支出表，附表包括财政拨款收入支出表、国有资产情况表和成本费用表（见表 3）。其中，附表是由县级以上工会提供。

（1）资产负债表，是反映工会某一会计期末全部资产、负债和净资产情况的报表。

（2）收入支出表，是反映工会某一会计期间全部收入、支出及结转结余情况的报表。

（3）财政拨款收入支出表，是反映县级以上工会某一会计期间从同级政府财政部门取得的财政拨款收入、支出及结转结余情况的报表。

（4）国有资产情况表，是反映县级以上工会某一会计期间持有的国有资产情况的报表。

（5）成本费用表，是反映县级以上工会某一会计期间成本费用情况的报表。

（6）附注，是对在资产负债表、收入支出表等报表中列示项目所做的进一步说明，以及未能在这些报表中列示项目的说明。

表 3：工会会计报表

编号	会计报表名称	编制期	编制主体
工会 01 表	资产负债表	月度、年度	各级工会
工会 02 表	收入支出表	月度、年度	各级工会
工会附 01 表	财政拨款收入支出表	年度	县级以上工会
工会附 02 表	国有资产情况表	年度	县级以上工会
工会附 03 表	成本费用表	月度、年度	县级以上工会

12 基层工会应如何设置会计机构和配备会计人员？

《基层工会经费收支管理办法》第十九条规定："基层工会应根据自身实际科学设置会计机构、合理配备会计人员。"具备条件的基层工会，应当设置会计机构或在有关机构中设置专职会计人员。不具备条件的基层工会，根据自身实际情况，可以选择以下某种方式。一是由设立工会财务结算中心的乡镇（街道）、开发区（工业园区）工会实行集中核算，分户管理；二是委托本单位行政财务部门代理记账；三是委托经批准设立从事会计代理记账业务的中介机构代理记账。

SHOU HAO GONG HUI JING FEI

第二部分

收好工会经费

13 工会经费的来源有哪些?

《工会法》第四十二条和《中国工会章程》第三十六条都明确规定了，工会经费的来源包括五项：（1）工会会员缴纳的会费；（2）建立工会组织的企业、事业单位、机关按每月全部职工工资总额的2%向工会拨缴的经费；（3）工会所属的企业、事业单位上缴的收入；（4）人民政府的补助；（5）其他收入。

根据《工会预算管理办法》和新《工会会计制度》中的相关规定，基层工会经费收入范围包括：（1）会费收入；（2）拨缴经费收入；（3）上级补助收入；（4）行政补助收入；（5）附属单位上缴收入；（6）投资收益；（7）其他收入。县级以上工会经费收入包括：（1）拨缴经费收入；（2）上级补助收入；（3）政府补助收入；（4）附属单位上缴收入；（5）投资收益；（6）其他收入。

注意：对于省级以下总工会而言，拨缴经费收入、上级工会补助收入和政府补助收入是最为主要的收入来源。对于基层工会而言，拨缴经费收入和行政补助收入则是最为主要的收入来源。

14 乡镇（街道）、开发区（工业园区）工会经费的来源有哪些?

在《中华全国总工会办公厅关于加强和规范乡镇（街道）、开发区（工业园区）工会经费管理的通知》（总工办发〔2014〕34号）和《中华全国总工会办公厅印发〈关于加大对乡镇（街道）、开发区（工业园区）工会和基层工会经费支持力度的若干规定〉的通知》（总工办发〔2016〕18号）中明确了乡镇（街道）、开发区（工业园区）工会经费的来源。最新修订的《工会预算管理办法》第四条规定："省级工会可根据乡镇（街道）工会、开发区（工业园区）工会发展的实际，确定省级以下工会的预算管理级次，并报全国总工会备案。"结合除基层工会以外省以下各级工会经费分成比例由省级总工会确定的有关规定，实质上将乡镇（街道）、开发区（工业园区）工会经费是否作为一级预算单位并参与分成的权限交由省级总工会决定，这是既与原有的相关规定很好地衔接，又考虑到了全国各地经济状况等基础条件不同而采取的针对性措施。

（1）各省、自治区、直辖市总工会要按照《全国总工会财务部关于省级以下各级工会经费分成比例有关事项的通知》（工财字〔2014〕19号）有关要求，自行确定所辖乡镇（街道）、开发区（工业园区）工会一级的经费分成比例。对尚不具备条件确定乡镇（街道）、开发区（工业园区）工会经费分成比例的，省级工会（市级工会、县级工会）应采取经费定额补助方式，对所辖乡镇（街道）、开发区（工业园区）工会每年给予专项补助。

（2）县以上各级工会要加大对乡镇（街道）、开发区（工业园区）工会的经费投入力度，要按照权随责走、费随事转原则，通过转移支付、项目化管理、确定分成比例及定额补助等方式，把工会经费向乡镇（街道）、开发区（工业园区）工会倾斜。县以上工会要在年度本级经费预算中安排专项资金，解决乡镇（街道）、开发区（工业园区）工会聘用社会化工会工作者的经费问题。

（3）全国总工会本级工会经费全年收入的70%用于对下级工会的补助，通过经费补助实行项目化管理，把其中大部分资金，经省级工会转拨补助到乡镇（街道）、开发区（工业园区）和基层工会。

（4）全国总工会在每年的对下补助中，安排专项资金用于乡镇（街道）工会（不低于补助总额的10%）。此款项经全国总工会拨付各省级工会后，由各省级工会安排所辖乡镇（街道）工会专款专用。

（5）根据《工会法》和国家有关部委的规定，乡镇（街道）、开发区（工业园区）政府（管委会）应当为工会办公和开展活动提供必要的设施和活动场所等物质条件。乡镇（街道）、开发区（工业园区）工会的专职、兼职工会干部的工资、津补贴、社会保障和其他福利待遇等，由乡镇政府、街道办事处、开发区（工业园区）政府（管委会）承担。

（6）乡镇（街道）、开发区（工业园区）工会要积极承接政府（管委会）转移职能和项目，争取政府（管委会）的财政补助、活动经费或专项经费，强化乡镇（街道）、开发区（工业园区）工会经费保障。

注意：我国从2004年开始开展建立乡镇（街道）总工会试点工作。在2014年《中华全国总工会关于新形势下加强基层工会建设的意见》（总工发〔2014〕22号）中提出："企业100家左右、职工5000人左右的乡镇（街道）、省级以上开发区（工业园区）可以设立总工会，作为一级地方工会组织，履行地方工会领导职责。"目前实践中，乡镇（街道）、开发区（工业园区）工会有的是地方总工会，有的还是基层工会。

15 什么是会费收入？计算会员会费的基础和依据是什么？

会费收入是指工会会员依照全国总工会规定按本人工资收入的5‰向所在基层工会缴纳的会费。要正确计算会员会费，就要明确两个口径：一是会员的范围，二是工资收入的范围。

（1）会员的范围。

《中国工会章程》第一条规定："凡在中国境内的企业、事业单位、机关和其他社会组织中，以工资收入为主要生活来源或者与用人单位建立劳动关系的体力劳动者和脑力劳动者，不分民族、种族、性别、职业、宗教信仰、教育程度，承认工会章程，都可以加入工会为会员。"

《工会会员会籍管理办法》第七条规定："非全日制等形式灵活就业的职工，可以申请加入所在单位工会，也可以申请加入所在地的乡镇（街道）、开发区（工业园区）、村（社区）工会和区域（行业）工会联合会等。”第九条规定：“劳务派遣工可以在劳务派遣单位加入工会，也可以在用工单位加入工会。劳务派遣单位没有建立工会的，劳务派遣工在用工单位加入工会。”

（2）工资收入的范围。

工资收入的范围是指基本工资。会员所得各种奖金、津贴、稿费收入以及按劳动保险条例或其他法令规定所领取的各种补助费、救济费、退休金、退职金等，均不计算交纳会费。至于企业工会会员的工资收入和奖金津贴收入如何区分的问题，可按各企业的支付办法掌握处理：凡是企业作为工资发给的，应计算交纳会费，凡是作为津贴奖金发给的，不计算交纳会费。

（3）关于会员会费的几个特殊规定。

一是无固定收入的会员，可按本人上月所得工资额计算交纳会费。二是工资尾数不足十元的不计交会费。三是会员没有正当理由连续六个月不交纳会费、不参加工会组织生活，经教育拒不改正，应当视为自动退会。四是会员离休、退休和失业，可保留会籍。保留会籍期间免交会费。五是机关提前离岗休息的会员和企业下岗待岗的会员，如已不属于本单位职工，所得收入已不列入本单位的工资总额组成范围，可以保留会籍，免交会费。如仍属于本单位职工，所得收入仍是本单位工资总额的组成部分，则仍应按照本人实际工资收入计算交纳会费。

注意：全国总工会对于会员会费计算基数——工资收入范

围的界定，主要体现在以下几个文件中：《中华全国总工会关于收交工会会费的通知》（工发〔1978〕101号）、《全国总工会财务部关于机关和事业单位工会会员交纳会费问题的通知》（工财字〔1994〕69号）、《全国总工会财务部、组织部关于会员交纳会费问题的答复》（工财字〔1996〕58号）、《全国总工会财务部关于机关和事业单位工会会员交纳会费问题的答复》（工财字〔2006〕58号）。

16 基层工会应如何规范收取会费？

《中华全国总工会关于收交工会会费的通知》第六条规定："收交的会费，暂时全部留在基层工会掌握使用。"《基层工会经费收支管理办法》第八条规定："基层工会可以用会员会费组织会员观看电影、文艺演出和体育比赛等，开展春游秋游，为会员购买当地公园年票。"可见，工会会费是会员在工会组织内享受权利的物质基础。

工会会员定期向所在工会组织缴纳会费，是《工会法》赋予工会会员的法定义务。《中国工会章程》第四条第六款明确指出，按月交纳会费是工会会员应履行的义务之一；同时，第六条规定："会员没有正当理由连续六个月不交纳会费、不参加工会组织生活，经教育拒不改正，应当视为自动退会。"

考核会员会费是否收齐的主要标准就是看该工会组织是否按照会员工资收入的5‰来收缴会费，衡量的基本标准就是我们通常所说的会费收缴率高低。因此，各基层工会应当依据《工会法》的有关规定和《中华全国总工会关于收交工会会费的通知》的要求，广泛宣传，扎实做好收缴会费的基础工作，如实编制会员名册，全面统计会员工资收入，准确计算缴费数额，主动及时送交工会财务部门等，确保会员会费能够及时收足、收齐。

同时，要以工会会员实名制管理为基础，以为广大会员提供普惠化服务为抓手，加强会员会费管理，让会员会费更加直接地为职工群众服务，团结动员广大会员听党话、跟党走，进一步增强工会组织的吸引力、凝聚力。

注意：会员会费的规范收取方式应该是由工会小组长直接向会员收取，而非由行政从工资中代扣；同时还需要注意的是，基层工会在会费收取后应及时向会员公布会费的收支情况，并出具会费收据。

17 基层工会为什么要加强会费收入的管理?

当前实践中，部分基层工会鉴于会员会费金额较少还要每月收取，则干脆不收取会费或采取每人每月一定金额收取的简便处理方式。由此造成了工会会员组织观念不强、会员意识淡薄等问题。为此，《基层工会经费收支管理办法》第五条明确规定，基层工会要按照会员工资收入和规定的比例，按时收取全部会员应交的会费。

规范收取会员会费能帮助基层工会进一步加强会员身份确认和会员会籍管理等基础工作。而会员身份的明晰确认直接关乎会员的慰问、会员集体活动的开展、优秀工会干部和积极分子的奖励等支出，避免出现工会经费的超范围开支。

（1）会员的慰问支出：目前《基层工会经费收支管理办法》中规定的可以从工会经费支出的逢年过节慰问和会员大事件慰问都是针对全体会员的，非会员不能享受工会的慰问。

（2）会员集体活动支出：用会费开展的会员集体活动支出的范围也是仅限于会员。

（3）优秀工会干部和积极分子的奖励支出：目前大多数省级工会对优秀工会干部和积极分子的奖励范围都规定为会员总数的一定百分比。

18 什么是拨缴经费收入?

拨缴经费收入是指建立工会组织的企业、事业单位、机关按每月全部职工工资总额的 2% 向工会拨缴的经费。拨缴经费收入是我国各级工会最主要的经费来源，占全部收入来源的 60% 以上。

可见，拨缴经费收入是国家通过法律规定，在国民收入的初次分配中提取部分费用直接拨缴给工会，是以立法形式维护工会权益的具体表现。《工会法》第四十二条第二款规定：“企业、事业单位拨缴的经费在税前列支。”这一规定明确了工会经费的性质是劳动力再生产费用。

19 拨缴经费收入有何特征?

（1）强制性。《工会法》第四十二条对机关和企事业单位按职工工资总额的2%拨缴工会经费作出了明确规定，同时在第四十三条中规定：“企业、事业单位无正当理由拖延或者拒不拨缴工会经费，基层工会或者上级工会可以向当地人民法院申请支付令；拒不执行支付令的，工会可以依法申请人民法院强制执行。”这一规定为催缴工会经费提供了法律保障。但对具体操作还缺乏明确的规范。为此，《最高人民法院关于在民事审判工作中适用〈中华人民共和国工会法〉若干问题的解释》（法释〔2020〕17号）中对支付令申请主体、条件、案件管辖及效力做出了更具操作性的详细规定。《最高人民法院关于产业工会、基层工会是否具备社团法人资格和工会经费集中户可否冻结划拨问题的批复》（法释〔2020〕21号）中第三条规定：“工会的经费一经拨交，所有权随之转移。”

从《工会法》和最高人民法院的相关规定中可以看出，拨缴经费收入的首要特征即强制性。所以，凡是组建工会的单位向工会组织拨缴经费和依法纳税一样，是每个单位应尽的法律责任和义务，必须履行。如果不履行，将承担相应的法律责任。

（2）无偿性。拨缴经费收入的无偿性是指企事业单位和机关的行政方面向工会拨缴的经费是无偿的，是国家用来支持工会履行社会职能的需要，因此是不需要偿还的。

（3）固定性。拨缴经费收入的固定性是指行政方面每月按全部职工工资总额的 2% 向工会拨缴经费，这是 1950 年我国第一部《工会法》就规定下来的，具有长期的法律效力。

20 拨缴经费收入的计提标准和依据是什么？

拨缴经费收入是指建立工会组织的企业、事业单位、机关按每月全部职工工资总额的 2% 向工会拨缴的经费。所以，要正确计算拨缴经费收入必须掌握“全部职工”和“工资总额”的统计范畴。

根据《全国总工会财务部转发国家统计局有关工资总额规定文件的通知》（工财字〔1990〕29 号）和《全国总工会财务部转发国家统计局〈劳动统计指标解释〉中有关“职工”和“职工工资总额及构成”的规定的通知》（工财字〔1995〕11 号）等可知：“全部职工”主要是按照国家统计局 1994 年 10 月编印的《劳动统计指标解释》中“从业人员和职工人数统计”有关“职工”的规定执行；“工资总额”主要是以国家统计局 1990 年的第 1 号文件《关于工资总额组成的规定》和《国家统计局〈关于工资总额组成的规定〉若干具体范围的解释》为准执行。同时，还应关注国家统计局在后续年份中发布的《关于印发 ×××× 年报劳动统计新增指标解释及问题解答的通知》中有关“职工”和“工资总额”的一些新增补充规定。

21 计算拨缴经费收入的“全部职工”具体包括哪些人员？

“全部职工”是指由建立工会组织的单位支付劳动报酬的各类人员（含港澳台及外方人员），包括正式职工、合同制职工、临时工和计划外用工等。各基层单位的“全部职工”人数，原则上应按“谁发工资谁统计”的办法进行统计。因此，不论是编制内的还是编制外的人员；不论是出勤的还是因故未出勤的人员；不论是在国内工作的还是在国外工作的人员；不论是正式的还是试用期间的人员；不论是在本单位工作的还是临时借调到外单位工作的人员，只要由本单位支付工资均应统计为职工。

22 计算拨缴经费收入的“工资总额”具体包括哪些？

“工资总额”是指各单位在一定时期内直接支付给本单位全部职工的劳动报酬总额，包括计时工资、计件工资、奖金、津贴和补贴、加班加点工资、特殊情况下支付的工资。“工资总额”按应发工资计算，但对逢节日提前预发下月的工资，仍应统计在应发月的工资总额中。实践中，有些实行税务代收工会经费的地方一般把计税工资作为工会经费计提的依据。

“工资总额”的计算原则上应以直接支付给职工的全部劳动

报酬为根据。各单位支付给职工的劳动报酬以及其他根据有关规定支付的工资，不论是计入成本的还是不计入成本的，不论是按国家规定列入计征奖金税项目的还是未列入计征奖金税项目的，不论是以货币形式支付的还是以实物形式支付的，均应列入工资总额的计算范围。

注意：国家统计局列举出了14项不应包括在“工资总额”范畴的项目。常见的有：有关劳动保险和职工福利方面的各项费用；有关离休、退休、退职人员待遇的各项支出；劳动保护的各项支出；出差伙食补助费、误餐补助、调动工作的旅费和安家费等。

23 拨缴经费收入的拨缴形式有哪些?

为了改变我国工会长期依赖行政单位自行拨缴工会经费而造成的收缴率低的问题，自2003年以来，我国工会对工会经费收缴体制进行了持续改革，称为“一改三策”。所以，拨缴经费收入当前的拨缴形式有三种：自主收缴、财政统一划拨、委托税务机关代收。

（1）自主收缴。

自主收缴工会经费是指基层工会所在单位的行政方面每月按照上个月本单位职工工资总额的2%，向本单位工会拨缴当月的工会经费。工会在收到工会经费后，按照《中华全国总工会、国家税务总局关于进一步加强工会经费税前扣除管理的通知》

（总工发〔2005〕9 号），应向缴款单位行政开具《工会经费收入专用收据》。企事业单位凭该专用收据在税前列支工会经费。

（2）财政统一划拨。

2003 年 9 月，《中华全国总工会、财政部关于财政拨款的行政事业单位计拨工会经费有关问题的通知》（总工发〔2003〕25 号），通知要求："各级财政部门要将应由财政负担的工会经费列入财政预算。有条件的地区在推行财政国库管理制度改革时，可考虑根据当地财政部门的规定，对工会经费实行国库集中支付。"所以，对财政供养的各级行政机关、事业单位的拨缴经费收入，是由各级财政部门年初列入预算并拨付同级地方总工会的。目前，各省级工会的行政事业单位的工会经费基本实现了由财政统一划拨。

（3）委托税务机关代收。

委托税务机关代收是指委托当地税务机关代为收缴行政单位应拨缴的工会经费。2005 年发布的《全国总工会财务部关于转发国家税务总局〈关于加强税务机关代收费项目管理的通知〉的通知》（工财字〔2005〕81 号），对工会经费委托税务代收工作作了较为明确的规定。目前，大多数建立了工会组织的企业、非财政全额拨款事业单位、自收自支事业单位以及其他社会组织的工会经费都是采用委托税务机关代收的形式拨缴工会经费。

24 工会经费为什么要委托税务机关代收?

委托税务机关代收工会经费，一是为了更好地贯彻《工会法》，强化社会依法缴纳工会经费的意识，加强工会组织建设和维权工作。二是把工会经费收缴纳入法治化轨道，有利于工会经费收缴的规范化，提高工会经费收缴的透明度，接受社会监督。三是方便各缴费单位在向税务部门申报缴纳税款时一并缴纳工会经费，简化程序，提高效率。四是有利于各级工会组织活动的开展，较好地发挥工会在建设和谐社会中的重要作用。五是加强工会经费税前扣除管理，有利于防止工会经费和国家税收流失。

25 委托税务机关代收工会经费的法律依据及相关规定有哪些?

实践中，有些人对委托税务机关代收工会经费提出质疑，认为工会是群众组织，工会经费为什么要由行政执法机关代收呢?

（1）工会作为党领导下的工人阶级的群众组织、国家政权的重要支柱、职工利益的代表者和维护者，其经费委托税务机关代收，不仅对维护职工合法权益、推进和谐社会建设具有突出的现实意义，而且也体现了“国家保护工会的合法权益不受侵犯”的立法原则。

（2）工会经费委托税务机关代收，是符合法律规定的。《中华人民共和国民法典》第 161 条和 162 条规定：“民事主体可以通过代理人实施民事法律行为。依照法律规定、当事人约定或者民事法律行为的性质，应当由本人亲自实施的民事法律行为，不得代理。”“代理人在代理权限内，以被代理人名义实施的民事法律行为，对被代理人发生效力。”工会作为社团法人，符合法人与法人之间行使代理权的规定，所以完全可以依法委托税务机关代收工会经费。正是基于此，国家税务总局在 2000 年下发的《关于工会经费税前扣除问题的通知》（国税函〔2000〕678 号）和在 2005 年与全国总工会联合下发的《关于进一步加强工会经费税前扣除管理的通知》（总工发〔2005〕9 号）中均要求“各级税务部门和工会组织要密切配合，做好工会经费收缴工作”。

（3）《国家税务总局关于加强税务机关代收费项目管理的通知》（国税发〔2005〕160 号）中明确指出：“税务机关只能代收法律法规设定、国务院及有关部门和省级政府依照有关规定和批准权限设定的收费项目。”而《工会法》第四十二条明确规定：“建立工会组织的企业、事业单位、机关按每月全部职工工资总额的百分之二向工会拨缴的经费。”据此，工会经费委托各级税务部门代收符合国家有关规定和要求。

26 委托税务机关代收工会经费，如有单位拒不拨缴经费怎么办？

对逾期未缴或少缴、欠缴、漏缴工会经费的单位，各省级工会的做法稍有差异。但通常的做法是：

（1）由地方总工会催缴，并向违反规定的缴费单位送达《×××省工会经费限期缴纳通知书》（以下简称《通知书》）。缴费单位填写《回执》，限缴期限为《通知书》下发之日起一定时期内。同时根据《中华全国总工会、财政部关于新〈工会法〉中有关工会经费的具体规定》（工总财字〔1992〕19号），自逾期申报之日起，按日加收欠缴工会经费5‰的滞纳金。

（2）经催缴后，仍不缴纳或拒缴工会经费的缴费单位，由同级地方工会按照《工会法》的规定，向当地人民法院申请支付令。

（3）拒不执行支付令的，依法申请人民法院强制执行。

27 拨缴经费的分成比例是多少?

根据工会财务管理体制，工会组织的五项收入来源中的拨缴经费需要在五级工会组织之间分成，该拨缴经费自下而上逐级上解，从而形成各级工会的经费来源。

全国总工会和全国总工会财务部曾多次发文规定和调整工会经费的分成。早在1982年全国总工会就在《关于工会财务管理体制和经费分成的暂行规定》（工发财字〔1982〕2号）中规定：行政拨缴的工会经费上交全国总工会5%。《全国总工会财务部关于省级以下各级工会经费分成比例有关事项的通知》（工财字〔2009〕19号）中明确规定：“省以下各级工会（含基层工会）的经费分成比例，由各省级工会（含铁路、民航、金融产业工会）根据本地区（产业）实际情况自行确定。”

为进一步加大对乡镇（街道）、开发区（工业园区）工会和基层工会的经费支持力度，全国总工会办公厅在2016年印发了《关于加大对乡镇（街道）、开发区（工业园区）工会和基层工会经费支持力度的若干规定》，进一步明确了三点：一是全国工会经费全年收入的95%留在地方和基层工会，全国总工会本级集中5%。二是基层工会的经费分成比例不低于60%。现低于60%的，一律调整为60%。三是各省级工会按照省以下各级工会经费分成比例由省级工会确定的原则，明确所辖乡镇（街道）、开发区（工业园区）工会的经费分成比例，报全国总工会备案。

28 效益好的企业，可否多拨缴工会经费？反之，可否少拨缴或不拨缴工会经费？

因拨缴经费收入一方面具有强制性，另一方面是基层工会最为主要的工会经费来源，《基层工会经费收支管理办法》第五条强调基层工会要加强对拨缴经费收入的管理，即“要严格按照国家统计局公布的职工工资总额口径和所在省级工会规定的分成比例，及时足额拨缴工会经费”。

（1）根据《工会法》的规定，按照全部职工工资总额的2%向工会拨缴经费是每个成立工会组织的企业应尽的法律责任和义务，而不论企业的效益是好是坏。所以，效益好的企业不可以多拨缴工会经费；效益不好的企业，只要形成了工资总额就应当拨缴工会经费，而不能少拨缴或不拨缴工会经费。任何单位和个人都不得随意减、免、缓缴工会经费。

（2）对有特殊困难的缴费单位，在工会经费收缴上，可采取收支两条线的做法。即特困企业在按照规定上缴工会经费后，可向所在地县级以上总工会提出申请，由地方总工会依照有关法律和政策规定，根据企业困难情况，在本级留成经费中，适当加大对其返还补助力度。

29 什么是上级补助收入和项目补助？基层工会应如何申报项目补助？

上级补助收入，是指本级工会收到的上级工会补助的款项，包括一般性转移支付补助和专项转移支付补助。一般性转移支付补助，是指上级工会按照有关规定拨付给下级工会的未指定专门用途的补助。专项转移支付补助，是指上级工会拨付的指定专门用途的项目补助，包括帮扶困难职工的补助、用于开展向困难职工和家庭送温暖活动的补助、救灾补助等。专项转移支付补助应根据补助用途不同分类，专款专用，不能挪作他用，如果确需改变用途性质，必须严格履行报批程序。

为了更好体现“权随责走，费随事转”的资金管理原则，2015 年《中华全国总工会关于对下补助实行项目补助管理的通知》（总工办发〔2015〕10 号），把全国总工会对省级工会的回拨补助、超收补助和专项补助合并为项目补助，实行项目补助管理。全国总工会对省级工会的项目补助分为五类：全国总工会安排的重点工作补助，乡镇（街道）和基层工会经费补助，省级工会重点工作经费补助，地（市）级、县（区）级工会工作经费补助和其他项目补助。全国总工会通过省级工会、市级工会以及县级工会，逐渐将项目补助管理的内容、要求等传递到基层工会。

基层工会应如何申报项目补助呢？以产业工会为例，《中华全国总工会办公厅关于对下补助实行项目补助管理的通知》（总工办发〔2015〕10号）中规定，对经批准独立管理经费的三大产业工会向全国总工会申报的项目补助为所属工会重大活动经费补助、本级工会重点工作经费补助和其他项目补助三类。

一是所属工会重大活动经费补助申报。根据《基层工会经费收支管理办法》和新《工会会计制度》，基层工会经费支出分为职工活动支出、职工服务支出、维权支出、业务支出、资本性支出、对附属单位的支出和其他支出。职工活动支出中的重大文体活动项目、职工服务支出中的各种阵地建设、维权支出中的帮扶救助、业务支出中的各专项业务支出、必要的资本性支出等，都可以作为项目进行申报。基层工会应根据年度重点工作，分别确定项目补助的申报。

二是本级工会重点工作经费补助申报。根据全国总工会年度工作要求，确定本级工会的重点工作。如2020年全国总工会确定的重点工作经费包括继续对乡镇（街道）和基层工会建设、社会化工会工作者、“八大群体”入会、农民工入会与服务专项行动等重点工作给予经费补助，增加家政培训补助和全国示范性劳模和工匠人才创新工作室命名等重点工作。而“八大群体”入会等重点工作与产业工会有关，因此，产业工会申报项目补助可以从这三项重点工作内容考虑，同时结合自身实际，做好重点工作经费补助申报工作。

三是其他项目补助申报。《中华全国总工会关于对下补助实行项目补助管理的通知》（总工办发〔2015〕10号）规定，其他项目补助主要用于职工教育、文体活动、疗休养、工会办公场所和职工帮扶服务中心等维修改造、设施设备更新，政府资金投入不足部分的补助。对于基层工会而言，如果所在企事业单位对上述项目资金投入不足，而产业工会又有资金结余的情况下，是可以给予的项目补助。因此，产业基层工会应根据本产业的相关规定来确定其他补助项目。

注意：基层工会进行项目申报时，应按照上级工会的要求，履行项目论证等相关手续，将项目所需资金纳入预算管理，履行相关审批程序，报上级工会批准。尤其要注意提高项目预算编制的科学性和准确性。

30 什么是政府补助收入？各级总工会应如何加强对政府补助收入的管理？

政府补助收入是指各级人民政府按照《工会法》和国家有关规定给予县级以上工会的补助款项，包括工会收到财政拨付的离退休人员的离退休费和生活补贴、帮扶资金、送温暖经费、疗养事业补助、劳模补助、基建、维修及大型活动补助等。

各级总工会在争取更多财政资金补助的同时，一定要制定财政专项资金管理办法，以确保财政资金的核算准确和资金安全。为了更好地发挥财政资金的使用绩效，各级总工会应当做好以下几方面工作：

（1）遵守财政资金“专款专用”的使用原则。

国家财政补助资金有专门用途，必须专款专用，任何部门和个人不得擅自改变用途，只能在财政部门指定的范围内使用。各级工会要高度重视，不得将财政补助资金用于指定项目以外的支出，更不得侵占、转借、挪用；要增强法规意识，自觉接受审计等部门的监督检查，杜绝违纪行为发生。

（2）加强财政零余额账户的管理。

财政补助工会的各项资金都必须通过零余额账户进行拨款和核算。与此同时，各级总工会一定要明确零余额账户与一般银行存款账户的区别，转变一般银行账户自主支配的思维方式，加强工会本级和所属单位零余额账户管理。不得让下级工会和单位代存、代管财政补助资金，要按照财政部门下达的用款额度办理支付结算业务，不同用途的财政补助资金不得串用。

（3）强化财政资金的预算管理。

一是不仅要将财政资金纳入预算，而且对财政资金受助项目还要单独重点反映，细化到具体预算执行单位、部门和项目支出标准。二是在财政预算执行中，要认真做好项目预算执行的各项前期准备工作，及时向财政部门提出支付申请；财政资金预算批复后，各级工会财务部门要及时通知主管领导、项目单位和部门，加强资金支付管理，基本支出按照年度均衡性原则拨付，项目支出结合项目实施进度按照一定比例拨付。三是要加强对结余结转资金的管理和控制，及时完成预算，要准确办理财政结余结转资金的结转。

（4）建立财政资金安全管理责任制。

各级工会要建立健全内部监督制度，做到预算编制、执行和监督便捷顺畅、内部监督全覆盖。同时，各级工会的主要负责人要对财政资金安全管理工作负总责；分管领导要对财政资金的安全使用负领导责任；工会财务部门要合理安排岗位分工，明确岗位职责，责任细化到人，切实管好、用好财政补助资金。

注意：政府补助收入是县级以上工会的经费收入来源之一，基层工会一般没有直接来自政府的补助收入。工会十七大财务工作报告显示，全国总工会本级的财政补助收入从2008—2012年的69.1亿元增加到2013—2017年的111.01亿元，增长率为60.65%。财政补助收入增长势头明显，已经是工会收入的重要构成部分。

《中共中央关于加强和改进党的群团工作的意见》中指出："新形势下，党的群团工作只能加强，不能削弱。"在这一背景下，各级地方总工会应加强与同级政府部门的沟通，积极争取同级财政对工会重点工作的政策和资金支持，确保各级地方财政对工会重点工作，诸如送温暖工程、困难职工帮扶、职工书屋建设等工会品牌工作的支持；工会服务职工阵地，如工人文化馆，纳入同级财政公共文化服务体系建设专项资金补助范围。现阶段，尤其要在县级以上工会在职人员经费与社会保障政策以及社会化工会工作者的资金支持等方面纳入财政预算取得一定的突破。

31 什么是行政补助收入？工会收到的行政补助收入可以用于哪些方面？

行政补助收入是指基层工会取得的所在单位行政方面按照《工会法》和国家有关规定给予工会的补助款项，包括工会收到行政拨付的劳动竞赛经费、工会开展活动的费用补助等，不包括行政方面按《工会法》规定向工会拨缴的工会经费。行政补助收入和拨缴经费收入是当前基层工会最为主要的两项经费收入来源。

对于不同的行政主体，补助工会经费的资金来源有所不同。

（1）对于财政供养的机关事业单位，用于行政补助工会经费的资金来源为财政预算的公用经费和部门业务费节余。

（2）对于财政差额拨补、自收自支的事业单位和企业而言，用于行政补助工会经费的资金来源为职工福利费（基金）、职工教育经费和单位自有资金。

工会收到的行政补助收入可以用于职工活动（如教育活动、文体活动等）、职工服务支出、维权支出、业务支出、资本性支出（如设备）等，但一定不能用于逢年过节的慰问会员支出。

注意：尽管行政补助收入也是工会经费合法的五项来源之一，但并不具有强制性，这点和拨缴经费收入是完全不一样的。补助工会经费的资金来源也不尽相同。国家对行政给予工会的经费补助的标准、限额和补助方式等方面并没有具体规定。因此，工会要加大与单位行政的积极沟通，加大工会工作力度，以工会自己的作为来主动争取党政领导的重视和支持，从而最大限度取得行政对工会组织开展的重大活动等方面的支持，以缓解基层工会经费不足的压力。

32 基层工会应如何加强行政补助收入的管理?

《基层工会经费收支管理办法》中第五条对基层工会加强行政补助收入的管理提出了三点要求：

（1）要统筹安排行政补助收入。基层工会要加强与单位行政部门的沟通，要根据单位年度工作和经费计划，统筹安排工会活动和行政补助收入。对因工会经费不足确需单位行政给予补助的，应在制订活动计划和编制经费预算之前征得单位行政和主要负责人的同意。

（2）按照预算确定的用途开支。工会预算是刚性执行，同样，行政补助收入要按照预算确定的用途开支，不能随意改变预算资金的用途，要做到专款专用。

（3）不得将与工会无关的经费以行政补助名义纳入账户管理。

对基层工会组织合法、合规地争取行政补助收入提出如下建议：

一是依规争取行政补助收入，以防“小金库”。基层工会应根据《工会法》和《中国工会章程》的相关规定争取行政补助收入，资金使用一定要和工会工作相关，用于为职工服务和工会活动，以防工会的“行政补助收入”成为单位行政的“小金库”。二是按照预算管理的要求来争取。事先统筹，并将行政补助收入列入预算收入管理；根据资金的使用项目形成详细的预算报告。三是严格按照预算确定的补助项目开支补助资金，做到专款专用。根据《企业会计准则》相关条款的规定对企业行政补助经费的内容和形式进行合理的筹划，以获得行政补助收入的最大效果。

33 其他收入都包括哪些?

（1）根据新《工会会计制度》和《基层工会经费收支管理办法》，其他收入是指除会费收入、拨缴经费收入、上级补助收入、政府或行政补助收入、附属单位上缴收入、投资收益以外的各项收入。虽然称为“其他收入”，但也不是什么收入都可以纳入其他的范畴，具体包括工会取得的资产盘盈、固定资产处置净收入、接受捐赠收入、利息收入等。

（2）其他收入项目多、不固定、发生次数少，如果放松管理，容易造成疏漏和流失。如，本应该记入“行政补助收入”“政府补助收入”“上级补助收入”等科目的以“其他收入”入账；或者以“其他收入”的形式转移一些暗箱操作或违规的资金，由此造成工会账户的重大安全隐患。因此，应该重视和加强对其他收入的管理，保证其他收入及时、如数入账具有同样的重要意义。

YONG HAO GONG HUI JING FEI

第三部分

用好工会经费

34 工会经费的使用方向和支出范围分别是什么?

《工会法》和《中国工会章程》都明确规定，工会经费主要用于为职工服务和开展工会活动。根据《基层工会经费收支管理办法》《基层工会预算管理办法》以及新《工会会计制度》的相关内容，基层工会经费支出范围包括职工活动支出、职工服务支出、维权支出、业务支出、资本性支出、对附属单位的支出和其他支出。县级以上工会经费支出范围包括职工活动组织支出、职工服务支出、维权支出、业务支出、行政支出、资本性支出、补助下级支出、对附属单位的支出和其他支出。

基层工会经费七项支出中的职工活动支出、职工服务支出、维权支出等是基层工会的主要支出范围。此外，基层工会理论上不能使用行政支出和补助下级支出两个会计科目，这也是县级以上工会和基层工会经费支出的不同之处。

35 基层工会开展职工活动的支出具体包括哪些方面?

根据《基层工会经费收支管理办法》第八条的规定，结合新《工会会计制度》的相关内容，基层工会开展职工活动的支出包括以下六个方面的内容：

（1）职工教育支出：基层工会组织开展职工教育活动的支出。

（2）文体活动支出：基层工会组织开展职工文体活动的支出。

（3）宣传活动支出：基层工会组织开展宣传活动所发生的支出。

（4）劳模职工疗休养支出：基层工会用于组织和开展的劳动模范和先进职工疗休养活动的公杂费等补助。

（5）会员活动支出：基层工会组织会员观看电影、文艺演出、开展春游秋游、为会员购买当地公园年票等的支出，以及基层工会用于在重大节日（传统节日）和会员生日、婚丧嫁娶、退休离岗的慰问支出。

（6）其他活动支出：基层工会开展其他活动的各项职工活动支出。

36 基层工会组织开展职工教育活动的费用开支有哪些？与企事业单位行政的职工教育经费有何关联？

基层工会开展职工教育活动费用的开支范围包括以下四项：一是基层工会举办政治、法律、科技、业务等专题培训和职工技能培训所需的教材资料、教学用品、场地租金等方面的支出。二是支付职工教育活动聘请授课人员的酬金。支付标准执行当地财政部门制定的培训费管理办法中的标准。三是职工素质提升补助。这是《基层工会经费收支管理办法》的新增内容，补助范围和标准遵照所属省级工会《基层工会经费收支管理办法》

实施细则执行。若细则中未明确的，基层工会需结合本单位实际，经相关民主程序制定后公布，并严格执行。四是职工教育培训优秀学员的奖励。奖励原则为“以精神鼓励为主、物质激励为辅”；奖励范围和标准遵照所属省级工会《基层工会经费收支管理办法》实施细则执行。

企事业单位行政和工会组织都肩负教育培训职工的职责，但职工教育经费是企事业单位行政服务职工工作的重要保障经费之一。所以，企事业单位行政才是职工教育经费的责任主体，工会要代表职工进行监督，督促单位行政落实职工教育经费支出的主体责任，并积极发挥拾遗补阙作用，和单位行政共同服务好教育职工群众的责任。此外，根据财政部和国家税务总局发布的《关于企业职工教育经费税前扣除政策的通知》（财税〔2018〕51号）的规定：“企业发生的职工教育经费支出，不超过工资薪金总额8%的部分，准予在计算企业所得税应纳税所得额时扣除；超过部分，准予在以后纳税年度结转扣除。”所以，如工会办学经费不足时，可向行政商请给予适当补助。

37 基层工会组织开展职工文体活动时可以开支的范围有哪些？

基层工会开展职工文体活动时可以开支的范围包括以下五项：

（1）职工业余文体活动所需器材、服装、用品等购置、租赁与维修方面的支出。

（2）职工参加文体活动时的活动场地、交通工具的租金支出。

（3）文体活动优胜者的奖励支出。奖励的基本原则是“以精神鼓励为主、物质激励为辅”。奖励方式可从以下两种方式选择其一：①设奖，奖励范围不得超过参与人数的三分之二；②不设奖，即可为所有参加人员发放少量纪念品，不得发放现金。少量的标准遵照各省级工会《基层工会经费收支管理办法》实施细则执行。

（4）文体活动中必要的伙食补助：不得超过当地差旅费中的伙食补助标准。通常伙食补助不能发放现金，一般应在标准范围内实报实销或者集中采购食品分发。

（5）裁判员、评委和教练的劳务费：发放标准遵照各省级工会《基层工会经费收支管理办法》实施细则执行。

注意：举办文体活动的基层工会工作人员，在工作日期间活动的不得领取劳务费。对参加文体活动未获奖的人员不能另发放纪念品或设置安慰奖、鼓励奖、参与奖等；本着“谁举办谁发奖”的原则，如果举办部门没有发放奖励的，参加单位通常不可另行奖励。

38 基层工会组织开展宣传活动时可以开支的范围有哪些？

（1）开展重点工作、重大主题和重大节日宣传活动所需的材料消耗、场地租金、购买服务等方面的支出。

（2）培育和践行社会主义核心价值观，弘扬劳模精神、劳动精神、工匠精神等经常性宣传活动方面的支出。

（3）开展或参加上级工会举办的知识竞赛、宣讲、演讲比赛、展览等宣传活动的支出。

以上相关费用可以参照文体活动的支出标准。

39 基层工会经费可以用于劳动模范和先进职工疗休养活动吗？

基层工会经费可以用于劳动模范和先进职工疗休养活动。但应注意以下四个问题：

（1）基层工会应积极配合行政部门组织好劳动模范和先进职工的疗休养活动。

（2）疗休养费用，如往返交通费、伙食补助费、住宿费，由所在单位行政承担。基层工会可以根据实际情况安排劳动模范和先进职工进行活动，如组织劳模集体参观学习或交流经验的活动费和工杂费可由工会经费补贴。补贴的标准遵照所属省级工会《基层工会经费收支管理办法》实施细则执行。

（3）不得安排收费旅游景点的相关活动，开展疗休养活动要与爱国主义教育、提升劳动模范和先进职工的素质结合起来，严禁借疗休养名义组织公款或变相公款旅游。通常参观考察以免费的革命传统教育基地、先进企业及社区、社会主义新农村、博物馆、纪念馆等为主。外出参观原则上不超过休养时间的三分之一。

（4）依规选择疗休养地点、合理安排疗休养内容：疗休养的时间、地点、形式、人数等安排执行所属省级工会的相关规定。通常包括，疗休养时间不超过 7 天（含往返）；疗休养地点一般要求优先选择工会系统或本系统内的疗养基地；疗休养活动主要以休息疗养、康复治疗、开展健康体检和文化讲座、形势报告、座谈交流、文体活动等形式组织开展；休养期间一般不得跨省（区、市）活动，原则上住宿地点不变；等等。

40 工会应如何组织职工的疗休养活动？相关费用应由谁承担？

职工疗休养是劳动者休养生息的福利事业，是我国社会保障体系的重要组成部分。《中华人民共和国劳动法》第七十六条规定："国家发展社会福利事业，兴建公共福利设施，为劳动者休息、休养和疗养提供条件。"《工会法》第三十条规定："工会协助企业、事业单位、机关办好职工集体福利事业，做好工资、劳动安全卫生和社会保险工作。"《中国工会章程》第三条规定，工会会员享有工会提供的文化、教育、体育、旅游、疗休养、互助保障、生活救助、法律服务、就业服务等优惠待遇。可见，开展职工疗休养活动是党和政府赋予工会的社会职责，是保护和促进广大职工身心健康、落实全心全意依靠工人阶级的根本方针的具体体现。

当前，职工疗休养工作是由各级工会统一组织管理的。通常是由各省总工会根据国家有关规定和各省的实际，负责制定职工疗休养管理制度；各市（省产业）、县（市、区）级工会负责做好职工疗休养的具体组织和管理工作，制定实施办法；各企事业单位工会负责制订本单位职工疗休养计划并具体组织实施。疗休养应当面向广大职工，以生产、工作一线职工和工会会员为主，优先考虑长期从事有毒、有害（或工作强度大）岗位的职工、各类先进模范人物，照顾因工负伤和即将退休的职工。疗休养的主要内容是为职工提供休息养生的服务，也可就地、就近适当安排参观学习，严禁以疗休养为名搞疲劳拉练式旅游或公款旅游。

疗休养费用包括交通费、住宿费、伙食费等。党政机关和事业单位疗休养费用按照标准限额，凭据在单位提取的福利费中列支；国有企业疗休养费用标准根据财务规定在成本费用中据实列支，超标准支出部分由参加疗休养的职工个人承担。其他企业单位职工疗休养费用标准由企业职工大会或职代会讨论决定，在成本费用中据实列支。

41 工会经费支出中慰问会员项目包括哪些方面？应由企事业单位行政为职工提供的福利待遇包括哪些？

根据《基层工会经费收支管理办法》中第八条第（四）项的规定，可以从工会经费支出的慰问会员项目包括两类：逢年过节慰问和会员大事件慰问。一是逢年过节慰问：指基层工会逢年过节可以向全体会员发放节日慰问品。逢年过节的年节是指国家规定的法定节日（即：元旦、春节、清明节、劳动节、端午节、中秋节、国庆节）和经自治区以上人民政府批准设立的少数民族节日。二是会员大事件慰问：指对会员生日、会员生病住院、会员结婚生育、会员退休离岗和会员及其直系亲属去世时的慰问。

根据《财政部关于企业加强职工福利费财务管理的通知》（财企〔2009〕242号），应由企业为职工提供的职工福利待遇包括：一是为职工卫生保健、生活等发放或支付的各项现金补贴和非货币性福利，包括职工因公外地就医费用、暂未实行医疗统筹企业职工医疗费用、职工供养直系亲属医疗补贴、职工疗养费用、自办职工食堂经费补贴或未办职工食堂统一供应午餐支出、符合国家有关财务规定的供暖费补贴、防暑降温费等。二是企业尚未分离的内设集体福利部门所发生的设备、设施和人员费用，包括职工食堂、职工浴室、理发室、医务所、托儿所、疗养院、集体宿舍等集体福利部门设备、设施的折旧、维修保养费用以及集体福利部门工作人员的工资薪金、社会保险费、住房公积金、劳务费等人工费用。三是职工困难补助，或者企业统筹建立和管理的专门用于帮助、救济困难职工的基金支出。四是离退休人员统筹外费用，包括离休人员的医疗费及离退休人员其他统筹外费用。五是按规定发生的其他职工福利费，包括丧葬补助费、抚恤费、职工异地安家费、独生子女费、探亲假路费，以及符合企业职工福利费定义但没有包括在本通知各条款项目中的其他支出。

42 基层工会逢年过节可以向全体会员发放节日慰问品吗?

根据《基层工会经费收支管理办法》第八条的相关规定，基层工会逢年过节可以向全体会员发放节日慰问品。这里的“逢年过节”指的是国家规定的法定节日（即元旦、春节、清明节、劳动节、端午节、中秋节和国庆节）和经自治区以上人民政府批准设立的少数民族节日。

（1）大多数省的基层工会就只能在国家规定的以上七个法定节日慰问会员；上述少数民族节日是指在少数民族地区的少数民族节日，如北京地区的基层工会就不可以在少数民族节日慰问会员。

（2）在新疆维吾尔自治区、西藏自治区、宁夏回族自治区、广西壮族自治区和内蒙古自治区这 5 个自治区，除以上七个法定节日外，还包括经本自治区以上人民政府批准设立的少数民族节日。如：在新疆维吾尔自治区的古尔邦节和肉孜节、西藏自治区的藏历年、宁夏回族自治区的开斋节和古尔邦节等，基层工会可以慰问会员。

注意：元宵节、“三八”妇女节、“六一”儿童节、教师节等都不属于文件规定的法定节日，所以基层工会不能向全员、女职工、职工子女等普发慰问品或慰问金，但可以组织相应的工会活动，如可由基层工会女职工委员会组织“三八”妇女节活动。

43 基层工会开展会员生日慰问时应注意哪些问题?

（1）慰问形式可以是发放生日蛋糕实物，也可以发放指定蛋糕店的蛋糕券。

（2）慰问对象只针对本单位会员。

（3）不能超标准慰问：慰问标准执行所属省级工会《基层工会经费收支管理办法》实施细则中的规定；目前大多数省级工会规定的标准是每人每年最高不得超过 300 元，部分省级工会的标准是 400 元。

（4）建议最好尽量是在工会会员生日的当月发放。

（5）需实名发放、实名签收蛋糕或蛋糕券。

44 基层工会开展会员生病住院、婚丧嫁娶等慰问时应注意哪些问题?

（1）对工会会员生病住院慰问、去世慰问可以是慰问金。结婚和生育慰问只能是实物慰问。慰问标准执行所属省级工会《基层工会经费收支管理办法》实施细则中的规定。

（2）生病住院和结婚生育慰问的对象都是仅限本单位工会会员本人，不包括其直系亲属；去世慰问的对象既包括工会会员本人，也包括其直系亲属，直系亲属是指父母、配偶和子女。

（3）男女工会会员只要是符合国家法律政策的结婚和生育，

基层工会均可给予一定金额的慰问品；生育慰问不分男女会员，均可慰问。

（4）兄弟姐妹在同一个单位的，对父母去世慰问时应该分别慰问。

（5）工会会员去世的丧葬费和抚恤金应由单位行政在职工福利费中开支。

45 基层工会在慰问退休离岗的会员时应注意哪些问题？

（1）退休离岗是指职工达到退休年龄离开工作岗位，因工作调动、辞职或其他原因离开岗位的不得用工会经费慰问。

（2）不能超标准慰问：慰问标准执行所属省级工会《基层工会经费收支管理办法》实施细则中的规定；目前，大多数省级工会制定的标准为不超过 1000 元/人。

（3）慰问方式为发放具有纪念意义的纪念品，不得发放现金；也不得购买党风廉政建设有关规定明令禁止发放的物品作为慰问品发放。

（4）同时可以采用组织荣休欢送座谈会的形式开展，纪念品的发放需本人签领并附退休审批文件。

46 什么是职工服务支出？该支出的开支范围包括哪些内容？

根据《工会预算管理办法》和新《工会会计制度》，职工服务支出指工会开展职工劳动和技能竞赛活动、建家活动、职工创新活动、职工书屋、职工互助保障、心理咨询等工作发生的支出。

职工服务支出的开支范围主要包括以下五项内容：

（1）劳动和技能竞赛活动支出：工会组织开展合理化建议、技术革新、发明创造、岗位练兵、技术比武、技术培训等劳动和技能竞赛活动支出及其奖励支出。

（2）建家活动支出：工会组织建设、建家活动方面的支出。

（3）职工创新活动支出：工会开展的劳模和工匠人才创新工作、职工创新工作活动发生的支出。

（4）职工书屋支出：工会为建设职工书屋而发生的图书购置以及维护的支出。

（5）其他服务支出：工会组织和开展会员和职工普惠制服务、心理咨询、互助保障等其他方面的职工服务支出。

47 工会经费可以用于工会开展职工互助互济保障活动的费用补助吗？

《中华全国总工会办公厅关于职工互助互济保障活动有关问题的通知》（总工办〔2007〕17 号）规定："为了给职工办实事，

有条件的地方工会或基层工会可以对参加互助互济保障活动的职工在互助费用方面给予一定的补助。”在实践中，应注意以下几方面问题：

（1）是否参加工会开展的职工互助互济保障活动属于职工的自愿行为，工会不要代为全部职工办理参加；具体保障计划选择和费用列支额度，根据各单位实际，经相关民主程序确定。

（2）根据新《工会会计制度》规定，工会用于补助职工和会员参加互助互济保障活动方面的支出应计入“职工服务支出—其他服务支出”。但职工个人交纳的保费并不属于工会经费的一部分，应该作为“代管经费”管理。

（3）各级工会要充分利用优惠政策的引导，积极争取党政领导的重视和支持。根据《财政部、国家税务总局关于补充养老保险费补充医疗保险费有关企业所得税政策问题的通知》（财税〔2009〕27号）规定：“为在本企业任职或者受雇的全体员工支付的补充养老保险费、补充医疗保险费，分别在不超过职工工资总额5%标准内的部分，在计算应纳税所得额时准予扣除；超过的部分，不予扣除。”

（4）尽管工会经费可以用于补助职工互助互济保障活动，但鉴于该活动的特点之一就是互助性，因此，并不建议使用工会经费帮职工全额代缴。基层工会应充分调动职工的自愿参与、自主管理的自我保障意识，力争在“三个一点”（即企业行政出一点，工会补一点，个人交一点）的基础上，不断加大职工互助保障经费的投入力度。

48 什么是维权支出？该支出的开支范围有哪些？

维权支出是指工会用于维护职工权益的支出。众所周知，工会的基本职责是维护职工合法权益，竭诚服务职工群众，所以，维权支出应该是各级工会的主要支出之一。维权支出的开支范围具体包括以下六项：

（1）劳动关系协调支出：工会在协调劳动关系争议中发生的支出。

（2）劳动保护支出：工会开展职工劳动保护发生的支出。

（3）法律援助支出：工会向职工群众提供法律咨询、法律服务等发生的支出。

（4）职工帮扶支出：工会对困难职工帮扶发生的支出。

（5）送温暖支出：工会向职工送温暖发生的支出。

（6）其他维权支出：工会补助职工等其他方面的维权支出。

49 维权支出中的劳动保护费的开支范围包括哪些？使用过程中应注意哪些问题？

《基层工会经费收支管理办法》第九条第二款规定，劳动保护费是指用于基层工会开展群众性安全生产和职业病防治活动、加强群监员队伍建设、开展职工心理健康维护等促进安全健康生产、以保护职工生命安全为宗旨开展职工劳动保护发生的支出等。

基层工会在用工会经费开支劳动保护费时应注意以下两个问题：

（1）基于当前职工的工作压力加大，为此，《基层工会经费收支管理办法》在劳动保护费中新增加了开展职工心理健康维护的开支。基层工会也都积极投入资金建设职工心理减压室，如果基层工会自身资金不足，可以尝试以项目的方式申请上级工会的补助资金。

（2）根据《中华人民共和国安全生产法》《中华人民共和国职业病防治法》和国家安全监管总局印发的《用人单位劳动防护用品管理规范》的相关规定，用人单位有责任、有义务为劳动者提供有效的劳动保护条件、设施、个人使用的劳动防护用品等。所以，劳动保护费虽属于单位行政和工会共同承担的费用，但用人单位才应该是劳动保护费的责任主体，工会只能是辅助支出。因而，为改善职工劳动环境所配备的空气净化器等所需的费用，应在单位行政的劳动保护经费中开支，不能用工会经费开支。

50 基层工会对困难职工帮扶时应注意哪些问题？

困难职工帮扶是各级工会的重要工作之一，实践中，基层工会在对困难职工进行帮扶时，应注意以下四个要点：

（1）对困难职工的帮扶，既可以是资金帮扶，也可以是物质帮扶。

（2）应建立困难帮扶制度，并严格执行，做到公开、公平、公正。

（3）应建立困难职工档案，确保精准帮扶；并实行动态管理，确保工会帮扶工作常态化、长效化。

（4）《基层工会经费收支管理办法》新增加了“工会会员本人及家庭因大病、意外事故、子女就学等原因致困时，基层工会可给予一定金额的慰问”。慰问的标准按照所属省级工会《基层工会经费收支管理办法》实施细则执行。若细则中未明确的，基层工会需结合本单位实际，经相关民主程序制定后公布，并严格执行。

51 基层工会开展送温暖活动时应注意哪些问题？

当前，基层工会送温暖工作已经常态化，送温暖费包括开展春送岗位、夏送清凉、金秋助学和冬送温暖等活动发生的支出。基层工会送温暖开支时应注意如下问题：

（1）金秋助学是指帮助子女上学有困难的家庭，而非对每一个有上学子女家庭的奖学。所以，对于职工子女考上大学可不可以用工会经费奖励，只有符合金秋助学困难家庭标准的可以用工会经费救助，不符合标准的不能用工会经费奖励。

（2）劳保用品和防暑降温经费都应是企事业单位行政方的主体责任，工会督促落实。但如遇高温、寒冷和雾霾等极端天气，基层工会可以通过购买防暑降温、防寒保暖、防雾霾用品以及食品饮料等方式慰问在岗一线职工。但须注意是在岗一线职工，并非每个职工都有份。

（3）金秋助学和极端天气实物慰问的标准，所属省级工会《基层工会经费收支管理办法》实施细则中有规定的，基层工会遵照执行即可；如果没有详细规定的，基层工会则需结合自身财力，制定相应的规章制度，并严格执行。

52 业务支出是指什么？业务支出中的培训支出和会议支出应注意什么问题？

业务支出是指工会培训工会干部、加强自身建设及开展业务工作发生的各项支出。业务支出的开支范围包括培训支出、会议支出、专项业务支出和其他业务支出。需要注意区别的是，业务支出的支出对象为工会干部或是工会组织自身，而非职工或工会会员。

培训支出和会议支出是企事业单位行政和工会组织都会发生的费用，是审计的重点之一。

（1）培训支出。工会业务支出中的培训支出是指工会开展工会干部和积极分子培训发生的支出，需要注意的是，培训的对象一定是工会干部或是工会积极分子，如若培训对象是职工或是普通工会会员，则属于职工活动支出中的职工教育支出。此外，工会培训支出的开支范围和标准与企事业单位行政一样，通常都是以同级财政部门制定的培训费管理办法为准。

（2）会议支出。工会业务支出中的会议支出是指工会召开的专业会议，如工会会员大会或会员代表大会、委员会、常委会、经费审查委员会以及其他专业工作会议的各项支出。而职代会，企业、事业单位召开的劳模、积极分子及先进生产（工作）者等会议则不属于工会的专业会议，其费用则不能使用工会经费支出，应由企事业单位开支。同样，会议支出的开支范围和标准也通常都是以同级财政部门制定的会议费管理办法为准。

53 工会业务支出中培训开支范围包括哪些？开支标准是多少？

（1）各地财政部门制定的培训费开支范围和标准不尽相同，以《财政部、中共中央组织部、国家公务员局关于印发〈中央和国家机关培训费管理办法〉的通知》（财行〔2016〕540 号）为例，培训费是指各单位开展培训直接发生的各项费用支出，包括师资费、住宿费、伙食费、培训场地费、培训资料费、交通费以及其他费用（见表 4）。参训人员参加培训往返及异地教学发生的城市间交通费，按照中央和国家机关差旅费有关规定回单位报销。

表 4：培训费的开支范围

序号	开支范围	具体内容
1	师资费	聘请师资授课发生的费用，包括授课老师的讲课费、住宿费、伙食费、城市间交通费等

续 表

序号	开支范围	具体内容
2	住宿费	参训人员及工作人员培训期间发生的租住房间的费用
3	伙食费	参训人员及工作人员培训期间发生的用餐费用
4	培训场地费	用于培训的会议室或教室租金
5	培训资料费	培训期间必要的资料及办公用品费
6	交通费	用于培训所需的人员接送以及与培训有关的考察、调研等发生的交通支出
7	其他费用	现场教学费、设备租赁费、文体活动费、医药费等与培训有关的其他支出

（2）培训费的开支标准除师资费外，实行分类综合定额标准，分项核定、总额控制，各项费用之间可以调剂使用。其中，一类培训是指参训人员主要为省部级及相应人员的培训项目；二类培训是指参训人员主要为司局级人员的培训项目（见表 5）；三类培训是指参训人员主要为处级及以下人员的培训项目。以其他人员为主的培训项目参照上述标准分类执行。综合定额标准是相关费用开支的上限。各单位应在综合定额标准以内结算报销。

师资费是在综合定额标准外单独核算，师资费又包括讲课费、授课老师的城市间交通费和住宿费、伙食费等。其中，讲课费（税后）执行的标准为：副高级技术职称专业人员每学时最高不超过 500 元，正高级技术职称专业人员每学时最高不超过 1000 元，院士、全国知名专家每学时一般不超过 1500 元。

讲课费按实际发生的学时计算，每半天最多按 4 学时计算。其他人员讲课费参照上述标准执行。同时为多班次一并授课的，不重复计算讲课费。培训工作确有需要从异地（含境外）邀请授课老师，路途时间较长的，经单位主要负责同志书面批准，讲课费可以适当增加。授课老师的城市间交通费按照中央和国家机关差旅费有关规定和标准执行；住宿费、伙食费按照本办法标准执行，原则上由培训举办单位承担。

表 5：培训费的开支标准

单位：元 / 人 · 天

培训类别	住宿费	伙食费	场地、资料、交通费	其他费用	合计
一类培训	500	150	80	30	760
二类培训	400	150	70	30	650
三类培训	340	130	50	30	550

54 工会业务支出中的会议费开支范围包括哪些？开支标准是多少？

（1）各地财政部门制定的会议费开支范围和标准不尽相同，以《财政部、国家机关事务管理局、中共中央直属机关事务管理局关于印发〈中央和国家机关会议费管理办法〉的通知》（财行〔2016〕214 号）为例，会议费开支范围包括会议住宿费、伙食费、会议场地租金、交通费、文件印刷费、医药费等。其中，交通费是指用于会议代表接送站，以及会议统一组织的代表考察、调研等发生的交通支出。会议代表参加会议发生的城市间交通费，按照差旅费管理办法的规定回单位报销。

（2）会议费开支实行综合定额控制，各项费用之间可以调剂使用。基层工会的专业会议通常为四类会议（见表6）。

表6：会议费的开支标准

单位：元/人·天

会议类别	住宿费	伙食费	其他费用	合计
一类会议	500	150	110	760
二类会议	400	150	100	650
三、四类会议	340	130	80	550

55 业务支出中的专项业务支出的具体开支范围包括哪些？

根据《基层工会经费收支管理办法》，结合新《工会会计制度》的相关内容，工会业务支出中的专项业务支出的开支范围调整为开展以下七项专项业务的支出：（1）组织建设的支出；（2）专题调研所发生的支出；（3）专项工作支出；（4）劳模津贴；（5）劳模专项补助；（6）扶贫活动支出；（7）外事活动支出。

根据新《工会会计制度》，新增“职工服务支出”，用来核算原本属于“业务支出—专项业务支出”中工会开展职工劳动和技能竞赛活动、职工创新活动、建家活动、职工书屋等工作发生的支出。因而，“业务支出—专项业务支出”的核算内容减少。

56 业务支出中的其他业务支出的具体开支范围包括哪些？

基层工会业务支出中的其他业务支出的具体开支范围包括以下五项：

（1）兼职工会干部的补贴：范围和标准以所属省级工会制定的《基层工会经费收支管理办法》实施细则为准，若细则中未明确的，基层工会需结合本单位实际，经相关民主程序制定后公布，并严格执行。

（2）专职社会化工会工作者补贴：补贴的标准按照所属省级工会有关文件执行。

（3）优秀工会干部和积极分子的奖励：该评选表彰必须有书面的党政认可和上级工会的批复；奖励范围和标准以所属省级工会制定的《基层工会经费收支管理办法》实施细则为准。

（4）基层工会必要的办公费、差旅费：注意使用的会计科目是“业务支出—其他业务支出”；县级以上工会的办公费和差旅费则使用的是“行政支出—商品和服务支出”会计科目。

（5）支付代理记账、中介机构审计等购买服务方面的支出。

57 什么是资本性支出？基层工会的资本性支出应注意哪些问题？

（1）资本性支出是指工会从事工会建设工程、设备工具购置、大型修缮和信息网络购建而发生的支出。

（2）《工会法》第四十五条规定："各级人民政府和企业、事业单位、机关应当为工会办公和开展活动，提供必要的设施和活动场所等物质条件。"但并不意味着基层工会就不会有资本性支出。《基层工会经费收支管理办法》新增第十四条规定："所在单位保障不足且基层工会经费预算足以保证的前提下，可以用工会经费适当弥补。"但基层工会在资本性支出时一定要注意以下四点：一是资本性支出所形成的资产一定要服务于工会工作；二是资本性支出所形成的资产一定要纳入工会资产进行管理；三是资本性支出一定要纳入预算管理；四是通常资本性支出的金额较大，所以，资本性支出应遵循"三重一大"的集体研究讨论决策程序。

58 工会经费的其他支出包括哪些内容?

工会经费的其他支出，是指工会除职工活动支出、职工活动组织支出、职工服务支出、维权支出、业务支出、行政支出、资本性支出、补助下级支出、对附属单位的支出以外的其他各项支出。和"其他收入"一样，虽然称为"其他支出"，但实际上是明确有所指的，具体包括：资产盘亏、资产处置净损失、捐赠支出、汇兑损益以及按规定计提的有关专用基金等。所以，工会财务人员必须正确使用该科目，不能把"其他支出"科目作为一个筐，什么都往里装。《基层工会经费收支管理办法》第二十二条第（八）项明确规定："不准用工会经费报销与工会活动无关的费用。”因此，对“其他支出”科目的使用，要严格执行这一点。

59 工会经费可否用于对外捐赠？工会可否受行政委托办理对外捐赠业务？

通常情况下，工会经费不宜用于对外捐赠，尤其是基层工会，相关捐赠行为一定要慎重。如果要捐赠，建议最好是工会系统内部捐赠。企业工会可以受企事业单位行政委托办理对外捐赠业务，但需要注意的是，有关捐赠的资金应由企事业单位行政提供。

实际工作中，一些基层工会，尤其是规模较大的工会，为响应“一方有难、八方支援”的互助精神，以全体职工的名义用工会经费对外进行捐赠。从工会财务制度的规定看，此种行为实属不妥，需要予以纠正；当然，在特殊情况下，工会可以先暂从经费中予以垫支，但应确保捐赠资金的收回。垫支捐赠款时，借：其他应收款，贷：库存现金等；收回代垫的捐赠款时，借：库存现金等，贷：其他应收款。

60 哪些情况下，基层工会可以用工会经费发放奖励、慰问、补助、补贴？基层工会应如何规范执行？

（1）根据《基层工会经费收支管理办法》的相关规定，基层工会在以下四种情况下可以用工会经费发放奖励：①在教育培训职工时对优秀学员的奖励（50101 职工活动支出—职工教育支出）；②在开展文体活动时对优胜者的奖励（50102 职工活动支出—文体活动支出）；③在开展合理化建议、技术革新、发明创造、岗位练兵、技术比武、技术培训等劳动和技能竞赛活动时的奖励（50301 职工服务支出—劳动和技能竞赛活动支出）；④表彰优秀工会干部和积极分子的奖励（50505 业务支出—其他业务支出）。以上四种情况的奖励都需遵循“以精神鼓励为主、物质激励为辅”的原则。

（2）根据《基层工会经费收支管理办法》的相关规定，基层工会在以下三种情况下可以用工会经费慰问：①对会员的慰问（50105 职工活动支出—会员活动支出），具体包括：逢年过节发放慰问品、会员生日蛋糕或蛋糕券慰问、结婚生育发放慰问品、生病住院去世发放慰问金和退休离岗时发放慰问品；②工会会员本人及家庭因大病、意外事故、子女就学等原因致困时，基层工会可以给予一定金额的慰问金（50404 维权支出—困难职工帮扶支出）；③夏送清凉和冬送温暖活动时对在岗一线职工的实物慰问，以及金秋助学的资金慰问（50405 维权支出—送温暖支出）。

（3）根据《基层工会经费收支管理办法》的相关规定，基层工会在以下四种情况下可以用工会经费发放补助：①职工素质提升补助（50101 职工活动支出—职工教育支出）；②开展文体活动时的必要伙食补助（50102 职工活动支出—文体活动支出）；③开展互助互济保障活动时的补助（50305 职工服务支出—其他服务支出）；④对独立核算的附属事业单位的补助（509 对附属单位的支出）。

（4）根据《基层工会经费收支管理办法》的相关规定，基层工会在以下两种情况下可以用工会经费进行补贴：①开展劳动模范和先进职工疗休养时的补贴（50104 职工活动支出—劳模职工疗休养支出）；②对兼职工会干部和专职社会化工会工作者发放补贴（50505 业务支出—其他业务支出）。

（5）对于以上奖励、慰问、补助、补贴方面的支出，基层工会必须严格按照规定的范围和标准规范执行，实践中需注意以下四点：①必须在《基层工会经费收支管理办法》及所属省级工会实施细则规定的支出项目内开支，不得另行增加支出项目；②必须在《基层工会经费收支管理办法》及所属省级工会实施细则规定的标准内开支，不得超过规定的开支标准，如文体活动奖励范围不得超过参与人数的 2/3 等；③《基层工会经费收支管理办法》及所属省级工会实施细则明确规定以实物形式发放的慰问品、纪念品，不得以现金、购物卡、代金券的形式发放，如基层工会逢年过节发放的节日慰问品等；④《基层工会经费收支管理办法》没有明确具体规定开支范围和标准的，基层工会必须严格执行所在省级工会实施细则中的规定，如若实施细则中也未明确的，基层工会须根据上级工会文件精神结合本单位实际，经相关民主程序制定后公布，并严格执行。

61 工会经费使用“八不准”的具体内容是什么？

《基层工会经费收支管理办法》第二十二条指出，基层工会应严格执行关于工会经费使用的八项不准的规定，即“八不准”。具体内容为：

（1）不准使用工会经费请客送礼。

（2）不准违反工会经费使用规定，滥发奖金、津贴、补贴。

（3）不准使用工会经费从事高消费性娱乐和健身活动。

（4）不准单位行政利用工会账户，违规设立“小金库”。

（5）不准将工会账户并入单位行政账户，使工会经费开支失去控制。

（6）不准截留、挪用工会经费。

（7）不准用工会经费参与非法集资活动，或为非法集资活动提供经济担保。

（8）不准用工会经费报销与工会活动无关的费用。

62 基层工会应如何规范管理工会经费的支出？

（1）经费支出要有制度依据。《会计法》第二十七条规定：“各单位应当建立、健全本单位内部会计监督制度。”基层工会作为一个非营利性社团的会计主体不仅要建立，还要逐步健全完善各项会计制度。《基层工会经费收支管理办法》第十八条规定："基层工会应加强财务管理制度建设，健全完善财务报销、资产管理、资金使用等内部管理制度。"因此，工会十七大对今后五年工会财务工作提出的六点建议之一就是要努力构建"制度+科技"的工会财务工作新机制。其中的"制度"就是指各级工会要建章立制，做到各项经费支出有制度上的依据。

（2）经费支出要有预算。《工会法》第四十四条规定，工会应当根据经费独立原则，建立预算制度。《基层工会经费收支管理办法》第三条规定，基层工会经费收支管理应遵循的六大原则之三——即"预算管理原则"。

（3）经费支出要有重点，支出结构要优化。基层工会经费的七项支出中，职工活动支出、职工服务支出、维权支出和业务支出是主要支出范围。基层工会应把更多的资金用到职工技能提升、困难职工帮扶、维权服务等主业主责上来，进一步优化工会经费的支出结构。

（4）经费支出要有界限。基层工会经费支出的界限包括三个方面：①可以开支的范围具体包括七项；②绝对不可以开支的"八不准"；③注意与单位行政方面有关经费的划分。

（5）经费支出要符合财务和审计的要求。基层工会要规范财务行为，所有支出项应真实合法，还得合规。①开展活动要有具体方案、书面通知、实际参加人员签到表等；②购物发票要写明单位、具体品名、数量、单价及明细清单等，用餐要附用餐人员名单；③不能超范围、超标准发放各种奖励、慰问、补助等；④应严格区分慰问品和慰问金的发放；⑤发放奖励、慰问、补助时，审批和发放手续都要齐全，发放的实物和资金都要有签领单，且为实名制本人签收；⑥原始票据要有经办人、审核人、审批人签字；⑦财务报销附件要齐全，如：已批复的年度预算，报批准的活动方案、活动通知，业务合同或协议，合法发票，参加活动人员签到名单，实名签收单等。

63 工会在组织各种活动中向外请教师、教练、裁判等支付劳务报酬时，是否具有个人所得税的代扣代缴义务？

现实中，很多工会财务人员认为工会组织无须代扣代缴个人所得税。理由有三：一是工会组织没有纳税账号；二是《工会会计制度》中没有“应交税费—应交个人所得税”等相关会计科目；三是支付劳务报酬时在支出单据上已经注明了是税前报酬。

《中华人民共和国个人所得税法》第九条明确规定：“个人所得税以所得人为纳税人，以支付所得的单位或者个人为扣缴义务人。”可见，各级工会组织在向外请教师、教练、裁判等支付劳务报酬时是个人所得税的扣缴义务人。同时，《中华人民共和国个人所得税法实施条例》第二十四条规定：“扣缴义务人向个人支付应税款项时，应当依照个人所得税法规定预扣或者代扣税款，按时缴库，并专项记载备查。”

注意：实务中，没有纳税账号的工会组织应如何代扣代缴所支付劳务报酬的个人所得税呢？通常有两种做法：一是把教师、教练、裁判等的身份证复印件和支出费用签字单复印件等交给行政财务，由行政财务代为缴纳个人所得税；二是工会财务人员可以携带教师、教练、裁判等的身份证复印件和支出费用签字单到所在地税务部门自行申报缴纳。

GUAN HAO GONG HUI JING FEI

第四部分

管好工会经费

64 基层工会经费收支管理的原则是什么?

《基层工会经费收支管理办法》第三条规定，基层工会经费收支管理应遵循六项原则，分别是：遵纪守法原则、经费独立原则、预算管理原则、服务职工原则、勤俭节约原则、民主管理原则。

（1）遵纪守法原则。基层工会应依据《工会法》的有关规定，依法组织各项收入，严格遵守国家法律法规，严格执行全国总工会有关制度规定，严肃财经纪律，严格工会经费使用，加强工会经费收支管理。

（2）经费独立原则。基层工会要依法取得工会法人资格，并单独设立工会经费银行账户，实行工会经费独立核算。

（3）预算管理原则。基层工会应按照《工会预算管理办法》的要求，将单位各项收支全部纳入预算管理。基层工会经费年度收支预算（含调整预算）需经同级工会委员会和工会经费审查委员会审查同意，并报上级工会备案。

（4）服务职工原则。基层工会应将更多的工会经费用于为职工服务和开展工会活动，维护职工的合法权益，增强工会组织服务职工的能力。

（5）勤俭节约原则。基层工会应按照党中央、国务院关于厉行勤俭节约、反对奢侈浪费的有关规定，严格控制工会经费开支范围和开支标准，经费使用要精打细算，少花钱多办事，节约开支，提高工会经费使用效益。

（6）民主管理原则。基层工会应依靠会员管好用好工会经费；同时，接受上级工会监督，并依法接受国家审计监督。基层工会的年度工会经费收支情况应定期向会员大会或会员代表大会报告，建立经费收支信息公开制度，主动接受会员监督。

65 各级工会建立和完善工会财务管理制度的主要依据有哪些?

（1）各级工会建立和完善工会财务管理制度的主要依据有：一是国家的法律法规，如《工会法》《会计法》《预算法》等。二是财政部和全国总工会等有关部门的规章，如《会计基础工作规范》《工会会计制度》《工会预算管理办法》《基层工会经费收支管理办法》《中国工会审计条例》等。三是上级工会的规范性文件，如《工会预算管理办法》实施细则、《基层工会经费收支管理办法》实施细则等。四是本级工会业务工作的特点。

（2）乡镇（街道）以上工会和规模以上的基层工会一般应分别制定：工会预算决算制度、货币资金管理制度、票据管理制度、经济合同管理办法、财务收支管理制度、债权债务管理制度、招标采购管理制度、财务处理程序制度、内部会计控制制度、经费定额管理制度、资产购建处置制度、财产清查制度、岗位责任制度、责任追究制度、专项资金管理办法、固定资产管理办法、会计档案管理制度等；其他基层工会可视情况在综合性制度中明确上述内容。

66 基层工会如何才能做到工会经费独立管理?

基层工会要做到工会经费独立管理至少包括三个方面:

(1)独立的法人资格。基层工会在符合《中华人民共和国民法典》《工会法》和《中国工会章程》规定的成立条件,报上级工会批准后,即具有社团法人资格。所以,基层工会首先要按照《基层工会法人登记管理办法》(总工办发〔2020〕20 号)的要求取得工会社团法人资格,依法享有民事权利和承担民事义务,这是工会经费独立管理的前提。

(2)账户独立。根据财政部、中国人民银行的有关规定,基层工会需凭工会社团法人资格证书办理银行账户开户手续,设立专门管理工会经费的银行账户。

(3)核算独立。基层工会应独立进行会计核算,不允许与本单位行政财务或党、团等其他组织财务合并账户集中核算,也不允许将工会财务纳入地方财政会计委派管理中心实行集中核算管理。

67 基层工会财务可以委托行政财务人员代管吗?

基层工会财务可以委托行政财务人员代为管理,但工会一定要独立开设银行账户、独立建账并独立核算,切不可将工会经费在行政挂账。同时，建议出纳由工会方担任。凡因特殊原因无独立工会账户的，其工会经费应由上一级工会代管。

68 工会主席“一支笔”审批制度是指什么？单位行政负责人能否对工会经费使用进行审批？

（1）工会主席“一支笔”审批，是指由工会主席本人或其指定的某一位工会干部对工会所有的支出凭证进行审核签字，工会财务人员必须凭经过其审批的支出凭证才能予以报销，并登记入账核算。

（2）单位行政负责人不可以对工会经费使用进行审批。工会经费实行独立管理，工会主席是工会组织的法定代表人，也是工会财务管理的第一责任人，将工会经费的审批权交由单位行政负责人等行使既不符合法律的规定，也不符合工会的实际。

注意：工会各项收支实行的是工会委员会集体领导下的主席负责制，重大收支必须集体研究决定。

69 基层工会经费审批权该如何落实？

工会经费是工会财务工作的核心，也是工会职能履行的财力保障。加强工会经费的管理，首先要明确工会经费的审批权。从现有的制度规定来看，工会各项收支实行的是工会委员会集体领导下的主席负责制。但在实际工作中，要注意的一个问题就是审批责任的问题。

工会经费审批责任应按照“谁审批、谁负责”的原则来界定。但在具体的工作中，要注意“一支笔”审批的问题。基层工会可以按照内部的管理规定，将审批权委托给相应的人员行使，但审批权的委托应由工会主席以书面的形式进行。但不管工会经费审批权形式如何，有关审批的责任最终都应由工会主席承担。因为，《会计法》第四条规定：“单位负责人对本单位的会计工作和会计资料的真实性、完整性负责。”而该法把单位负责人界定为“单位法定代表人或者法律、行政法规规定代表单位行使职权的主要负责人”，工会主席作为基层工会的法定代表人，当然应对包括工会经费审批等在内的工作负有法律责任。

70 基层工会组织在合并、分立、撤销、解散时，其经费资产应如何处置？

（1）《工会法》第四十六条规定：“工会的财产、经费和国家拨给工会使用的不动产，任何组织和个人不得侵占、挪用和任意调拨。”《中国工会章程》第四十一条规定：“工会组织合并，其经费资产归合并后的工会所有；工会组织撤销或者解散，其经费资产由上级工会处置。”

（2）基层工会在合并、分立、撤销、解散前，其财产、经费应当进行清查盘点，编制包括清查日资产负债表、收入支出表、往来款项明细表、固定资产明细表在内的清查报告，并经同级经费审查委员会或第三方专业机构审查通过。

（3）合并的单位，其财产、经费按照清查报告的金额归合并后的工会所有。

（4）拆分和新建的单位，其财产、经费由原工会依据清查报告，按照人数比例、当年工会预算执行情况编制财产、经费分配方案，报同级工会委员会及同级经费审查委员会审查通过后，原工会应当在一定时期内按照分配方案及时将财产、经费划拨到分立后的工会。

（5）撤销或者解散的单位，其财产、经费按照清查报告的金额交由上级工会处置。

71 什么是工会预算？全国工会预算的组成是怎样的？

（1）工会预算管理是收好、管好、用好工会经费的重要手段，是工会财务管理的重要内容。《工会预算管理办法》（2020）中的预算含义与原办法相比发生了较大变化，需要全面准确理解。《工会预算管理办法》第二条规定，工会预算是各级工会组织及所属事业单位按照一定程序核定的年度收支计划。这一条明确工会预算的主体是工会组织及所属事业单位，不再包含工会所属的企业等其他主体。这是因为企业作为自主生产经营单位，不宜过度干涉其财务管理，因而仅将给所属企业的年度工会经费（广义）补助纳入本级预（决）算管理，而不是同事业单位一样将全部收支纳入本级预（决）算。

（2）从预算层次上看，县级以上工会预算可分为三个层次：单位预算、本级预算和总预算。①单位预算是指本级工会机关、所属事业单位的预算。②本级预算是指各级工会本级次范围内所有收支预算，包括本级所属单位的单位预算和本级工会的转移支付预算。转移支付预算是指本级工会对下级工会的补助预算。③总预算是《工会预算管理办法》修订后新引入的概念，由本级预算和汇总的下一级工会总预算组成。总预算概念借鉴了预算法，主要为了全面了解下级工会预算的整体情况。通过汇总形成的各级总预算可以形成各级工会预算的整体情况，为各级工会领导决策提供参考。

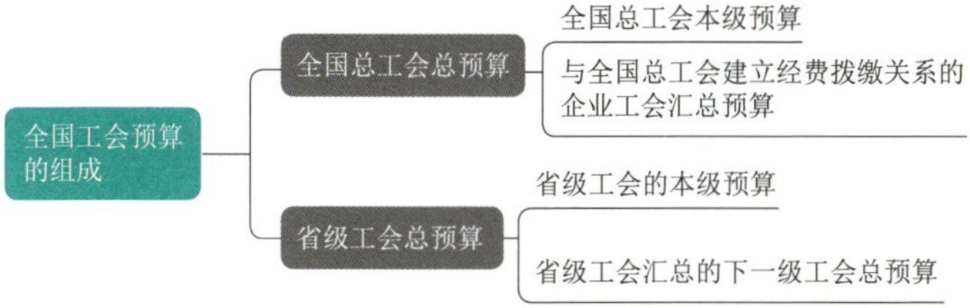

全国工会预算的组成

72 工会预算的原则是什么？基层工会财务管理部门的预算管理职责有哪些？

《工会预算管理办法》第七条规定："工会预算应当遵循统筹兼顾、勤俭节约、量力而行、讲求绩效和收支平衡的原则。"

《工会预算管理办法》第十七条规定，基层工会财务管理部门的预算管理职责包括以下五项：（1）负责编制本级工会预（决）算草案和预算调整方案，经本级经费审查委员会审查后，由本级工会委员会审批，报上级工会备案；（2）组织本级预算的执行；（3）定期向本级工会经费审查委员会报告本级工会预算执行情况；（4）批复本级所属预算单位的预（决）算；（5）编制本级工会决算，报上级工会。

73 工会预算编制的依据有哪些？工会应如何编制工会经费收支预算草案？

《工会预算管理办法》第二十四条明确规定，各级工会和各预算单位应依据和参考以下内容依法、真实、完整、合理地编制年度收支预算草案：（1）围绕党和国家工作大局；（2）紧扣上级工会和本级工会的中心工作；（3）参考上一年预算执行情况、存量资产情况和有关支出绩效评价结果。

为了提高预算管理的精细化水平，《工会预算管理办法》修订引入了政府收支分类科目，以便更好地反映工会经费收支的性质和用途。

（1）预算收入的编制。一是工会预算收入的编制要参照国务院财政部门制定的政府收入类、款、项、目的分类；二是收入按来源，要充分考虑本年度各项变动因素，依法、真实、完整、合理地编制各项收入预算。其中，会员会费收入按照会员基本工资收入 ×5‰预估；拨缴经费收入要按照全部职工工资总额 ×2% × 省级工会规定的自留比例预估；上级补助收入预算的编制一定要和上级工会沟通，并明确到二级明细编列；行政补助收入预算的编制要按事前与行政商定数编制，并须附详细的预算说明；如有投资收益，则按投资合同、协议约定的收益填列编制。

（2）预算支出的编制。一是预算支出的编制应当贯彻勤俭节约的原则。二是《工会预算管理办法》对工会支出预算的编制要求更加细化。《工会预算管理办法》新增第二十九条规定，支出预算的编制按基本支出、项目支出进行分类。基层工会在单位行政不能足额保障的情况下，可根据需要从严编制基本支出预算。三是预算支出的编制还应注意优化经费支出结构：保障日常运行经费，从严控制“三公”经费和一般行政性支出，重点支持维护职工权益、为职工服务和工会活动等工会中心工作。同样，预算支出的编制也要参照国务院财政部门制定的政府支出分类，即既要按其功能分类又要按其经济性质分类。

74 本年度未执行或未执行完毕的支出预算下年还可以继续使用吗？

修订后的《工会预算管理办法》明确了结转结余资金的管理。《工会预算管理办法》新增第三十条和第三十一条分别规定：（1）当年未执行完毕的基本支出预算可在下年继续使用；（2）未全部执行或未执行、下年需按原用途继续使用的项目资金，作为项目结转资金，纳入下一年度预算管理，用于结转项目的支出。

75 如果当年预算收入不足以安排当年预算支出该怎么办？能编制赤字预算吗？

（1）《工会预算管理办法》第三十二条明确规定：“各级工会当年预算收入不足以安排当年预算支出的，可以动用以前年度结余资金弥补不足。”

（2）各级工会无特殊情况一般不予编列赤字预算。如果当年预算收入不足以安排当年预算支出，可以动用以前年度结余进行弥补，但期末滚存结余不得出现负数。

（3）根据年度收支预算，在当年收入不足以覆盖当年支出时动用以前年度结余作为预算收入的一项来源，不应理解为赤字预算。

76 工会预算草案的审批程序是怎样的？

工会预算未被批准前，称为预算草案。工会预算草案编报完成后上报前，须认真履行必经的审核程序。

基层工会预算草案经本级经费审查委员会审查后，由本级工会委员会审批，报上级工会备案。

省级（含）以下总工会预算必须由党组集体审议决定，同级经费审查委员会履行相应审查职责，其他审查、审议的必要程序由各级工会确定。其中，县级工会和市级工会的预算草案，经必要程序审查、审议通过后报上一级工会审批或备案；省级工会预算草案，经必要程序审查、审议通过后报全国总工会备案。

同时，上一级工会认为下一级工会预算与法律法规、上级工会预算编制要求不符的，有权提出修订意见，下级工会应予调整。

全国总工会本级预算草案，报全总领导同志签批后，经中华全国总工会经费审查委员会审查，提交全总党组会议审议。

注意：根据2019年4月修订实施的《中国共产党党组工作条例》，大额资金使用、大额资产处置、预算安排属于党组决定的“三重一大”事项。按照这一要求，《工会预算管理办法》规定本级预（决）算草案及预算调整方案应由党组会议审议决定。

77 工会预算批准前，可以提前开支哪些项目？

《工会预算管理办法》第四十四条分别规定了，预算批准前可以提前使用和必须经集体研究决定后方可提前使用的各种情形。

（1）可以提前使用的：①上一年结转的项目支出；②必要的基本支出。

（2）必须经集体研究决定后方可提前使用的：①送温暖支出；②突发事件支出；③本级工会已确定年度重点工作支出。

78 工会预算执行过程中需要注意哪些问题?

（1）《工会预算管理办法》修订强调了各级工会的预算主体职能，各级工会预算由本级工会组织执行，具体工作由财务管理部门负责。

（2）各级工会应按照年度预算积极组织收入，要按照全国总工会、省级总工会规定的比例及时、足额拨缴工会经费，不得截留、挪用。

（3）各级工会应根据年度支出预算和用款计划拨款。未经批准，不得办理超预算、超计划的拨款。

（4）各预算单位的支出必须按照预算执行，不得擅自扩大支出范围，提高开支标准，不得擅自改变预算资金用途，不得虚假列支。

（5）各级工会的预算支出应当按照预算科目执行，严格控制不同预算科目、预算级次或项目间的预算资金调剂。确需调剂使用的，按照有关规定办理。

（6）各级工会财务部门负责监督检查下级工会和本级工会所属单位预算的执行。

（7）各级工会的预算、决算要接受同级工会经费审查委员会的审计监督。预算执行情况要接受上一级工会经费审查委员会的审计监督。

（8）县级以上工会和具备条件的基层工会应全面实施预算绩效管理。

79 经批准的工会预算在执行过程中可以调整吗？

《工会预算管理办法》第四十八条规定："各级工会预算一经批准，原则上不作调整。"但同时也分别规定了可以改变预算的预算调剂和预算调整的不同事项。

（1）预算调剂。《工会预算管理办法》新增第四十九条虽然明确规定："各级工会、各预算单位的预算支出应当按照预算科目执行，严格控制不同预算科目、预算级次或项目间的预算资金调剂。"但同时也指出："确需调剂使用的，按照有关规定办理。"至于具体如何调剂，可以关注《工会预算调剂管理暂行办法》中的相关规定。

（2）预算调整。《工会预算管理办法》第四十八条规定，以下四种事项应当进行预算调整：①需要增加或减少预算总支出的；②动用预备费仍不足以安排支出的；③需要调减预算安排的重点支出数额的；④动用预算稳定调节基金的。

注意：在预算执行中，各级工会因上级工会和同级财政增加不需要本级工会提供配套资金的补助而引起的预算收支变化，不属于预算调整。《工会预算管理办法》同时规定，预算调整的程序按照预算编制的审批程序执行。

80 什么是工会经费收支决算？基层工会经费收支决算报表通常需要报送的材料有哪些？

工会经费收支决算是工会经费年度收支预算的执行结果和各项收支的综合反映。《工会法》第四十四条和《中国工会章程》第四十条都规定，工会应当根据经费独立原则，建立决算制度。《工会预算管理办法》第五十二条规定："各级工会应在每一预算年度终了后，按照全国总工会的有关规定编制本级工会收支决算草案和汇总下一级工会收支决算。"

基层工会年末的工会经费收支决算报表需要报送的材料通常包括两部分：一是决算表；二是会计报表。如表 7 所示。

（1）决算表。一是工会经费收支决算表；二是工会经费收支决算说明书。工会经费收支决算说明书是决算表中全年预算执行情况的文字说明，决算说明书要全面反映工会预算执行情况以及基层工会在经费收缴、使用、管理中的实效和问题。所以，基层工会首先要分别说明各项收入和支出以及经费结余的核定预算数、决算数和完成预算情况，在此基础上应逐个分析各项收支及结余增加或减少的原因，与此同时，还应重点检查经费收缴、主要收支构成情况和问题以及采取的措施、取得的效果等。

（2）会计报表。基层工会的工会经费收支决算材料除决算表以外，还应同时报送决算后的年度资产负债表和年度收入支出表。

表7：基层工会经费收支决算报表材料

报表类型	具体包括内容	
决算表	工会经费收支决算表、工会经费收支决算说明书	
会计报表	资产负债表	年度资产负债表（工会01表）
	收入支出表	年度收入支出表（工会02表）

81 什么是工会决算报告？

工会决算报告是指各级工会组织和工会所属事业单位在年度终了按照有关规定编报的年度财务收支决算和工会所属企业、协会、学会、基金会年度终了按照有关规定编制的年度会计报告。

为进一步加强全国工会财务管理，规范工会决算行为，全面、真实、准确、完整地反映各级工会及所属单位财务收支情况与财务管理状况，全国总工会在2019年7月1日发布了《工会决算报告制度》，并且从2018年底开始使用“全国工会决算报告信息系统”进行编报工会决算报告。

82 工会决算报告主要包括哪些内容？

根据《工会决算报告制度》（2019）的规定，工会决算报告主要包括：决算报表和报表填报情况说明。

（1）决算报表。主要反映单位决算结果、财务状况和机构人员等信息。决算报表包括 4 张主表和 1 张附表，如表 8 所示。

表 8：工会决算报表

主表	工会主表 01	收入明细表
	工会主表 02	支出明细表
	工会主表 03	本年收支余决算总表
	工会主表 04	资产负债表
附表	附表	基本情况表

①主表 01：收入明细表。主要反映单位本年度依法取得的所有收入，包括会费收入、拨缴经费收入、上级补助收入、政府补助收入、行政补助收入、附属单位上缴收入、投资收益、其他收入。根据单位收入总账、明细账的发生数，按支出功能分类科目分“类”“款”“项”填列。

②主表 02：支出明细表。主要反映单位本年度为保障机构正常运转、开展业务及其他活动所发生的各项支出情况。

③主表 03：本年收支余决算总表。主要反映单位与本年预算口径一致的本年度收入、支出、结转和结余等情况。

④主表 04：资产负债表。主要反映单位年初、年末的资产、负债等情况。

⑤附表：基本情况表。主要反映单位当年决算统计单位数量、年末机构设置和人员编制及实有情况、房屋土地情况等。

（2）报表填报情况说明。各级工会在编报工会决算报表的同时，还应编报工会决算情况说明。在情况说明中应对所填财务数据进行必要的说明和对重点指标进行分析。

①总体情况说明：如，当年收入、支出、结余总体情况及增长情况；资产、固定资产、投资、借出款等项目的总体情况及增长情况等。

②收入情况说明：如，各项收入的增幅及原因；收入的结构、变动的主要原因；财政补助收入和上级补助收入重点说明。

③支出情况说明：如，根据收支决算情况表对主要费用结构及增幅加以说明；对占比较大和增幅较大的费用重点说明原因。

④结余结转情况说明：当年结余的主要原因说明。

⑤重要资产情况说明：如，长期投资主要包含的具体项目；借款的账龄分析；结余资金中当年结余和往年结余比例；等等。

⑥汇总情况说明：主要根据实际统计情况，对实际参加统计的单位个数进行分析。

83 工会经费收支决算的编制要求是什么？基层工会在编报工会决算前，应重点做好哪些工作？

编制工会经费收支决算必须符合法律法规和相关制度规定，做到收支真实、数据准确、内容完整、报送及时。为加强工会财务规范化建设，目前很多地方总工会已将工会经费收支预（决）算的编报工作作为年度考核的重要依据，对逾期不报送的单位，将会扣除年度考核项相应得分。

基层工会在编报工会决算前，要严格按照《工会会计制度》和《工会预算管理办法》的要求，全面清理各项账户和业务、准确办理年度结账，在此基础上及时、准确、完整地编制年度工会经费收支决算。其中，期末应重点做好如下工作：

（1）盘点、核对各类货币资金。基层工会在年度终了前，应对银行存款、库存现金、有价证券等各类货币资金进行全面核对。按规定严格控制现金额度，编制年终库存现金盘点表；对银行“未达账项”，编制“银行存款余额调节表”，做到账账相符。

（2）清查、盘点固定资产。基层工会期末要认真清查盘点固定资产，对清理中发现的资产报废、毁损、盘盈、盘亏等情况，按照《工会固定资产管理办法》规范进行会计处理，做到账账、账实相符。

（3）核对、清理各往来款项及代管经费。基层工会要认真核对决算年度中的各往来款项及代管经费。应收、应付款项原则上在年内清偿完毕，对逾期三年以上的往来款项，须认真核实，确实无法收回的，按照《工会呆账处理办法》核销。不得长期挂账，不得有私人借款。代管经费要严格按照规定的核算范围做好管理。

（4）核对各项收支。基层工会要全面清理各项收入、支出的结算内容，尤其是做好“拨缴经费收入”和“上级补助收入”的核对，对已经实现的收入和发生的支出，据实核算，保证经费结余的真实性。

（5）做好年终结账。年终结账包括年终转账、结清旧账和登记新账。

84 工会决算的审核程序是怎样的？

工会决算未被批准前，称为决算草案。工会决算草案编报完成后上报前，须认真履行必经的审核程序。

基层工会决算草案经本级经费审查委员会审查后，由本级工会委员会审批，并报上级工会备案。

县级工会和市级工会的决算草案，经必要程序审查、审议通过后报上一级工会审批或备案；省级工会决算草案，经必要程序审查、审议通过后报全国总工会备案。其中，审查审议的必要程序由各县级、市级和省级工会结合具体情况，自行决定。

同时，上一级工会认为下一级工会决算与法律法规、上级工会决算编制要求不符的，有权提出修订意见，下级工会应予调整。

全国总工会本级决算草案，报全总领导同志签批后，经中华全国总工会经费审查委员会审查，提交全总党组会议审议。

85 《工会预算管理办法》的责任条款有哪些？

根据《工会预算管理办法》第六十二条第（一）项，责令未按《工会预算管理办法》规定编报本级预（决）算草案、预算调整方案和批复预（决）算的单位改正，并对负有直接责任的主管人员和其他直接责任人员追究行政责任。

为了强化预算约束和体现预算管理的严肃性，依据《预算法》的规定，结合工会的实际，此次修订明确了各级工会、各预算单位和工作人员违反《工会预算管理办法》应承担的责任和相应的处理办法。与原办法相比，修订后的《工会预算管理办法》对责任条款的规定有三个特点：一是对违规行为列举更加全面；二是问责条款更加清晰可操作；三是问责的力度加大。

《工会预算管理办法》中涉及责任条款的是第六十二条和第六十三条。具体规定如下："各级工会、各预算单位有下列行为之一的，责令改正，对负有直接责任的主管人员和其他直接责任人员追究行政责任。（一）未按本办法规定编报本级预（决）算草案、预算调整方案和批复预（决）算的；（二）虚列收入和支出的；（三）截留、挪用、拖欠拨缴经费收入的；（四）未经批准改变预算支出用途的。""各级工会、各预算单位及其工作人员存在下列行为之一的，责令改正，追回骗取、使用的资金，有违法所得的没收违法所得，对单位给予警告或者通报批评；对负有直接责任的主管人员和其他直接责任人员依法给予处分：（一）虚报、冒领预算资金的；（二）违反规定扩大开支范围、提高开支标准的。"

86 各级工会的财务活动必须接受哪些监督?

根据《工会法》及其他相关规定，各级工会的财务活动必须接受以下四种监督：

（1）工会财务监督。工会财务监督是指各级工会财务部门根据国家有关法律法规和工会财务制度，运用一定的监督方法对本级机关和所属单位及下一级工会财务活动进行的监督检查。

（2）经审监督。经审监督主要由经费审查委员会及其办公室具体负责日常工作。经审会及其办公室，是独立于工会财务部门，专门对工会经费进行审查监督的单位。经审组织对工会经费及资产进行审查监督，主要为事后审计，是依法履行职能的行为，各级工会必须接受其审查监督。

（3）国家和社会监督。《工会法》第四十四条规定："工会经费的使用应当依法接受国家的监督。"主要有审计署审计监督、财政监督、纪检监督、社会审计机构监督等形式。由政府委派有关部门对工会经费使用情况、工会资产中财政所拨资金、工会业务中的有关项目进行监督。

（4）民主监督。工会财务接受民主监督是工会财务工作区别于企事业财务工作的一个显著特点，是由工会经费的性质所决定的。工会经费来于职工，用于职工，因此要接受职工群众的民主监督。这种民主监督的一般形式是工会经费收支情况向会员代表大会公布，基层工会组织还要定期向会员公布会费收支情况。

87 工会财务监督的目的是什么？工会财务监督实行什么工作体制？

工会财务监督的目的，在于督促各级工会严格执行国家财经法律、法规和全国总工会制度的规定，促进各级工会健全、完善工会财务内部控制制度体系，规范各级工会及其所属企事业单位的财务行为，纠正各级工会财务管理中存在的突出问题，防范工会财务运行风险，确保国家重大方针政策与全国总工会的重点工作在各级工会贯彻落实，确保各级工会正确履行职责，确保各级工会经济运行安全、有序、高效，提升各级工会对财务管理服务工会全局的能力和水平，让更多的工会经费直接服务职工群众，让广大职工有更多的获得感。

根据“统一领导、分级管理”的工会财务管理体制，工会财务监督实行“统一领导、分级负责、下管一级”的工作体制。①全国总工会财务管理部门统一领导全国工会系统的财务监督工作；②省级以下工会财务部门负责组织和实施本级财务监督工作；③省级（不含）以下工会财务管理部门根据省级工会财务监督实施细则，组织实施本级和下一级工会财务监督。所以，基层工会应按照全国总工会和上级工会的要求，加强财务管理制度建设，健全、完善并严格执行财务管理制度，积极配合上级工会财务监督。

88 工会财务监督的主要内容和方式有哪些？

根据《工会财务监督暂行办法》第十条的规定，工会财务监督的主要内容包括：(1) 国家财经法律法规和全国总工会有关财务制度规定执行情况；(2) 工会经费计拨、收缴与票据使用管理情况；(3) 工会预算编制、审批与执行情况；(4) 财政拨款、上级补助资金使用管理情况；(5) 经费开支的真实性、合法性；(6) 会计基础工作情况；(7) 内部控制制度建设情况；(8) 工会会计报告编制情况；(9) 巡视、政府审计、经费审查审计、财务监督发现问题的整改情况；(10) 其他事项。

根据《工会财务监督暂行办法》第十二条规定，工会财务监督分为日常监督和专项监督。

(1) 日常监督采取事前、事中和事后监督相结合的方式。事前监督，重点关注单位内部控制制度建设、项目立项与预算编制审批等情况。事中监督，重点关注各项经济活动的合法合规性以及制度执行情况。事后监督，重点对资金使用绩效、会计报告质量进行监督评价。

(2) 专项监督是针对特定事项、特定资金或因特殊需要对相关单位进行的财务监督。实施专项监督一般应事先向被监督单位送达检查通知书，明确检查的重点内容、工作时限和具体要求。

89 工会财务监督与国家审计监督、工会经审监督的联系和区别是什么？

工会财务监督与国家审计监督、工会经审监督既有明显区别，又有紧密联系。正确认识、处理好它们之间的关系，对于明确工会财务部门与经审部门的职责，配合好国家审计工作，充分发挥各类监督对于规范工会经济活动、促进工会财务管理都十分重要。

工会财务监督与国家审计监督、工会经审监督都服务于工会工作，其政策依据、评判标准、主要监督内容和目标都是基本相同的。它们都是以国家、工会制定的有关法律法规、财务制度和工会会计制度为检查依据，以工会及所属单位的财务收支情况、执行规则制度情况、预算目标实现情况为监督重点，对经济活动的真实性、合法性、效益性进行评价。监督的目的都是要及时发现和解决财务问题，保护工会资产安排完整，维护财经纪律，提高工会经费使用效益，促进工会财务管理水平。

工会财务监督与国家审计监督、工会经审监督的区别如表 9 所示：

表 9：工会财务监督与国家审计监督、工会经审监督的区别

方面	工会财务监督	国家审计监督、工会经审监督
监督主客体不同	（1）主体：工会财务部门； （2）客体：本级和下级工会财务活动的所有方面	（1）主体：国家审计署、工会经费审查委员会是专门的审计机构或部门； （2）客体：被审计单位及负责财务工作的领导干部
监督程序不同	（1）制订计划、检查考核、赋分评价、纠正偏差、修订制度等； （2）环节相对灵活，没有特别硬性的程序规定	（1）出具审计通知书、制订审计工作方案、编写审计工作底稿、撰写审计报告，提出审计意见和结论； （2）程序规定是相对固定甚至是法定的，每个阶段都有明确、具体的工作规定，各步骤有一定的顺序，不能相互轮换
监督覆盖时点不同	（1）方式：日常监督和财务检查； （2）事前、事中和事后监督； （3）全时段监督覆盖：在一个会计年度中随时可以开展	（1）事后监督； （2）有相对固定的审计时间：一般只在会计年度终了进行一次
监督方法不同	（1）审核和审批工会预（决）算、检查会计账簿报表、财经法规制度执行情况； （2）收集、整理和分析各项财务数据、定期考评	（1）有一套相对独立和完整的方法体系； （2）检查账目、查询函证、计算复核

90 为充分发挥职工会员的监督权，基层工会应向职工会员公开哪些信息？

基层工会应向职工会员公开所有涉及职工会员切身利益的经费使用支出的依据、内容、程序、结果以及工会经审工作内容等信息。通常包括以下几个方面：

（1）用于慰问会员的工会经费：如逢年过节、会员生日、结婚生育、生病住院、去世慰问、退休离岗等的慰问支出。

（2）用于与促进职工职业发展相关的工会经费：如职工会员教育培训、开展劳动和技能竞赛活动等方面的支出。

（3）用于与丰富职工精神文化生活相关的工会经费：如职工会员参与基层工会或上级工会组织的文体活动、各类工会文体组织等方面的支出。

（4）用于与维护职工合法权益相关的工会经费：如职工会员劳动保护、法律维权、困难帮扶、互助互济保障等方面的支出。

（5）用于与职工阵地建设相关的工会经费：如建家活动、职工创新工作室、职工书屋、基层服务站、爱心妈咪小屋、基本建设项目等方面的支出。

（6）用于与工会自身建设相关的工会经费：如培训工会干部、召开工会会议等方面的支出。

（7）用于其他重大项目安排、大额度资金使用等重大事项的工会经费，以及其他与职工会员切身利益相关的工会经费支出。

（8）工会经审组织审查审计结果。

注意：基层工会可以通过以下两种形式向职工会员公开信息：一是会议报告，基层工会的财务状况和经审工作要定期向同级工会会员大会（会员代表大会）、全委会、常委会报告，通过会议形式向全体职工会员汇报。二是公布公示，基层工会可以通过单位网站、APP、微信公众号、各类微信群等网络媒介，公告栏、电子屏、内部报刊等宣传载体，向职工会员全面公开工会经费收支使用及经审组织审查审计等情况。

CHANG JIAN YI NAN
KUN HUO WEN TI

第五部分

常见疑难困惑问题

91 会费收入和拨缴经费收入有何区别？

会费收入和拨缴经费收入是基层工会组织必要的两项收入来源，但两者有着较大的区别，主要表现为以下 5 个方面，如表 10 所示：

表 10：会费收入和拨缴经费收入的区别

项目	会费收入	拨缴经费收入
缴费主体不同	工会会员本人	机关、企事业单位
缴费基础不同	工资收入	工资总额（包括奖金、津贴以及各种补助等）
缴费范围不同	只有会员才需缴纳	全部职工（即也包括非会员的职工）
缴费比例不同	5‰	2%
使用对象不同	全部留在基层工会，无须上缴，供基层工会开展会员集体活动所用	单位行政拨缴后，需在基层工会和各级总工会组织之间分成，并逐级上缴

92 基层工会组织筹建期间需要拨缴工会经费吗？

根据《中华全国总工会办公厅关于基层工会组织筹建期间拨缴工会经费（筹备金）事项的通知》的相关规定，一是基层工会组织筹建期间需要拨缴工会经费。二是应自筹建工作开始的下个月起，由有关单位按每月全部职工工资总额的2%向上级工会全额拨缴工会经费（筹备金）。上级工会收到工会经费（筹备金）后向有关单位开具“工会经费拨缴专用收据”，有关单位凭专用收据在税前列支。三是上级工会对有关单位拨缴的工会经费（筹备金），除按现行工会经费分成办法解缴经费外，要实行单独核算、专款专用，主要用于基层工会筹建期内所发生的有关费用。四是筹建工作结束，并经上级工会批准正式建立组织后，有关单位自批准之月起，不再向上级工会拨缴工会经费（筹备金），改为按每月全部职工工资总额的2%向本单位工会拨缴工会经费，再由本单位工会按照全国总工会和省级工会有关工会经费分成办法规定的比例留成并向上级工会上缴工会经费。

注意：建会筹备金收取的根本目的是推动和促进企业建立工会组织并保障职工的权益，各级工会组织在收取建会筹备金的同时应加大对企业建会的帮助力度，力争早日完成建会工作。收取的建会筹备金中基层工会留成部分应在建会完成后尽快拨付给企业工会。

93 企业行政补助给工会的经费支出能在税前扣除吗？

根据《国家税务总局关于工会经费企业所得税税前扣除凭据问题的公告》规定：“企业拨缴的职工工会经费，不超过工资薪金总额 2% 的部分，凭工会组织开具的《工会经费收入专用收据》在企业所得税税前扣除。”由此可见，企业拨缴的 2% 工会经费可以税前扣除是有明确的法律依据的。

企业行政对工会的补助经费支出是否都要缴纳企业所得税呢？其实也不尽然。企业行政用于补助工会经费的资金来源主要有职工福利费、职工教育经费和单位自有资金等。

（1）如果企业行政对工会补助资金是以拨付资金的形式直接从企业“管理费用”科目中列支的，则该补助支出是不能税前抵扣的。

（2）如果企业行政对工会的补助是在职工福利费或是职工教育经费下实施的项目补助，则该补助支出是可以税前抵扣的。根据 2014 年 7 月 1 日施行的《企业会计准则第 9 号——职工薪酬》规定，企业许多涉及职工利益的支出都可以在职工薪酬中筹划解决。如工会组织开展的劳动竞赛奖励经费或技术开发、技术服务奖励，就可以计入职工薪酬在工资奖金项下在税前支出；企业工会对职工开展各种职业技术教育和培训，可以在职工教育经费项下对工会实施项目补助；企业工会开展的送温暖活动、帮扶助困活动、健身活动、春游秋游等文体活动及其他为职工办实事的活动，企业行政也可以在职工福利费项下对工会实施项目补助。

注意：现行《企业所得税法实施条例》规定，职工福利费和职工教育经费税前扣除的支出额度分别是工资薪金总额的 14% 和 8%；但超过部分是准予在以后纳税年度结转扣除的。可见，合理应用企业会计准则和税收政策，在为工会争取更多行政补助收入的同时也不会增加企业负担。

94 劳务派遣工的工会经费应如何拨缴?

2009年全国总工会发布的《中华全国总工会关于组织劳务派遣工加入工会的规定》中对劳务派遣工的入会和工会经费拨缴作了较为明确的规定。

(1)关于入会:劳务派遣工应首先选择参加劳务派遣单位工会,劳务派遣单位没有建立工会组织的,劳务派遣工直接参加用工单位工会。

(2)关于工会经费:劳务派遣工的工会经费应由用工单位按劳务派遣工工资总额的2%提取。至于接下来的分成留用和上缴则需区分劳务派遣单位有无工会组织。具体如下图所示。

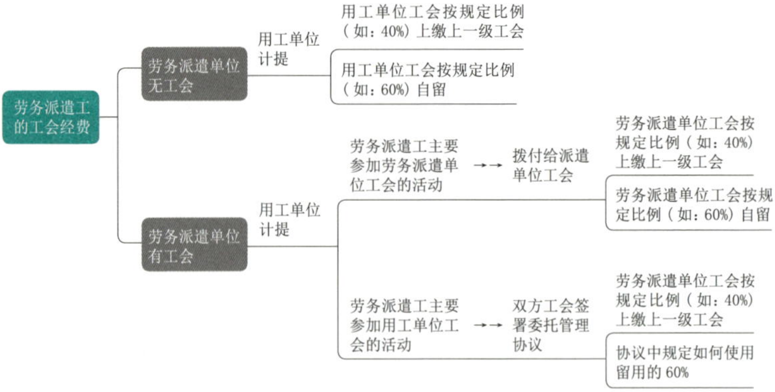

劳务派遣工工会经费的拨缴

95 基层工会借调人员的会员组织关系和工会经费应该怎么处理?

（1）工会会员组织关系的处理。借调时间6个月（含）以内的，会籍不作变动；借调时间6个月以上，借调单位已建立工会的，经会员本人向所在单位提出申请，可将会籍转到借调单位管理，借调期满后，将会籍转回所在单位。

（2）工会经费的处理。借调时间6个月（含）以内的，借调人员经费不作划转；借调时间6个月以上，借调单位已建立工会的，经会员本人提出申请，原单位工会应当按照人数比例、当年工会预算执行情况及时将借调人员工会经费划拨到借调单位的工会账户。

96 现阶段对小微企业工会经费的支持政策是怎样的?

为贯彻落实党中央、国务院支持实体经济发展的决策部署，支持小微企业工会工作，促进小微企业健康发展，规范小微企业工会经费使用管理，全国总工会在2019年12月31日发布了《中华全国总工会办公厅关于实施小微企业工会经费支持政策的通知》（厅字〔2019〕32号）。之后各省市级总工会都陆续发布了相关的实施细则。该支持政策的主要内容有：

（1）对小微企业工会经费实行“先征后返，即征即返”的全额返还的支持政策。即建立工会组织的小微企业先要根据《工会法》第四十二条的规定，按照全部职工工资总额的 2% 及时足额拨缴工会经费，然后再根据相关政策规定向上级工会申请返还。

（2）小微企业工会收到上级总工会返还的工会经费，计入“上级补助收入”。

（3）该支持政策实施时限自 2020 年 1 月 1 日起至 2021 年 12 月 31 日止。全国总工会将视基层工会组织建设和工会经费收缴改革的进展情况确定支持政策的后续时限。

（4）小型企业和微型企业界定标准按照 2011 年 6 月 18 日工业和信息化部、国家统计局、国家发展改革委、财政部印发的《中小企业划型标准规定》（工信部联企〔2011〕300 号）执行。

97 集团工会的经费应如何收缴?

全国总工会办公厅 2018 年印发的《中华全国总工会关于企业集团建立工会组织的办法》（总工办发〔2018〕23 号）中第四章第二十条详细规定了集团工会经费的收缴。

（1）集团工会经费收缴，实行属地管理原则。铁路、民航、金融等行政管理体制实行垂直管理的产业所属企业集团子（分）公司除外。

（2）企业集团所在地的子（分）公司工会，其工会经费按规定的比例上缴给集团工会，由集团工会按比例上缴给上级工会。集团工会与所在地子（分）公司工会经费分成比例由集团工会确定。

（3）企业集团所在地以外的子（分）公司，工会经费上缴所在地工会。集团工会可与其子（分）公司所在地工会协商，从子（分）公司上缴所在地工会经费中明确一定比例上缴集团工会。

注意：根据《全国总工会财务部关于对新组建基层工会经费拨缴和使用问题的答复》（工财字〔2007〕8号），企业总部在省外，但分支机构（含分公司、子公司、办事处等）在省内的新组建基层工会，除全国总工会、省总工会另行规定外，一律按照属地管理原则，并执行所在地省级工会确定的上缴比例，向所在地总工会按时足额上缴工会经费。

98 工会经费收缴方面的负面清单有哪些？

工会经费收缴方面的负面清单主要包括：

（1）不收或少收工会会员会费。

（2）不按照职工工资总额的2%计提或少提工会经费。

（3）不按照规定比例上缴工会经费。

（4）不将财政划拨工会经费计入拨缴经费收入。

（5）将应计入收入的经费列入往来科目核算，形成“小金库”。

99 基层工会经费业务支出方面的负面清单有哪些？

（1）擅自提高标准和超范围表彰优秀工会干部和积极分子。

（2）擅自提高会议费、培训费标准。

（3）到有关部门明令禁止的风景名胜区举办培训班或召开会议。

（4）借会议、培训名义安排公款旅游。

（5）借会议、培训名义组织高消费娱乐、健身活动。

（6）借会议、培训名义组织会餐或安排宴请。

（7）借会议、培训名义给参加会议（培训）人员发放礼品、纪念品和土特产品。

（8）报销与会议、培训无关的费用。

（9）将会议、培训结余费用存在承办单位形成“小金库”。

（10）以会议、培训为名虚列支出，转移、隐匿资金。

100 企业行政负责人可否调用工会经费用于企业的生产经营活动？企业破产或企业欠债，能用工会经费来偿还吗？

《中国工会章程》第三十七条明确规定：“工会经费主要用于为职工服务和开展工会活动。”企业的生产经营活动支出不属于工会经费使用的两大方向。且基层工会各项收支实行的是工会委员会集体领导下的主席负责制。所以，企业行政负责人无权也不能调用工会经费用于企业的生产经营活动。

根据《最高人民法院关于产业工会、基层工会是否具备社团法人资格和工会经费集中户可否冻结划拨问题的批复》（法复〔1997〕6号）可知：一是产业工会、具有社团法人资格的基层工会与建立工会的企业法人是各自独立的法人主体。企业或企业工会对外发生的经济纠纷，各自承担民事责任。二是工会经费一经拨交，所有权随之转移。在银行独立开列的“工会经费集中户”，与企业经营资金无关，专门用于工会经费的集中与分配，不能在此账户开支费用或挪用、转移资金。因此，人民法院在审理案件中，不应将工会经费视为所在企业的财产，在企业欠债的情况下，不应冻结、划拨工会经费及“工会经费集中户”的款项。

101 实践中，基层工会在逢年过节慰问会员时应注意哪些问题？

（1）发放节点为逢年过节。该慰问品的发放是为了体现工会对会员逢年过节的问候，所以，基层工会应该是在逢年过节前完成相应的采购和发放工作，相关单据的日期也应是在逢年过节前后。

（2）慰问对象是全体工会会员。借调、挂职等人员原则上享受工资关系所在单位工会的慰问，且不能重复享受。

（3）慰问品一定是实物，不得发放现金。一是慰问品应为符合中国传统节日习惯的用品和职工群众必需的生活用品等；二是不得购买党风廉政建设有关规定明令禁止发放的物品作为慰问品发放；三是慰问品的采购在确保质量的前提下，应优先选择贫困地区生产、销售的扶贫产品。

（4）慰问金额不能超标准。具体执行所属省级工会《基层工会经费收支管理办法》实施细则中的规定。同时还应注意到，该标准是一个上限，经费不多的基层工会，不得以上限标准为借口，不顾实际情况发放慰问品，以致大部分工会经费都用于逢年过节的慰问，造成工会经费支出结构不合理。

（5）发放方式：可以便捷灵活，但不得发放现金、购物卡、代金券等。考虑到基层工会直接采用实物慰问的工作难度，《基层工会经费收支管理办法》新增了基层工会可结合实际采取便捷灵活的发放方式。但便捷灵活并不意味着可以采用现金、购物卡或是代金券等党风廉政建设明令禁止的方式。实务中，可以采用提货凭证的方式。需要注意的是，提货凭证是要指定物品数量和种类且指定地点限时领取的凭证。

（6）慰问品的采购程序和发放程序要合法合规。基层工会应制定和完善工会内部采购制度。在执行采购时，应严格按制度规定选择采购方式和履行采购程序。应该是实名发放并实名签收该慰问品。

102 工会组织可以用工会经费给职工购买商业保险吗?

（1）《中华全国总工会办公厅关于贯彻执行财政部、监察部〈关于党政机关及事业单位用公款为个人购买商业保险若干问题的规定〉的通知》（总工办发〔2004〕35号）附件2《关于党政机关及事业单位用公款为个人购买商业保险若干问题的规定》的第二条明确了该规定适用于党政机关和依照公务员管理的事业单位，而其中的党政机关是包括各级工会的。

（2）该规定的第三条第一款明确了可以用公款为个人购买商业保险的险种仅限于旨在风险补偿的人身意外伤害险，包括公务旅行交通意外伤害险、特岗人员的意外伤害险，以及为援藏、援疆等支援西部地区干部职工购买的人身意外伤害险。

因此，工会组织能用工会经费给职工购买的商业保险仅限于两类，一是组织文体活动时为参加有风险运动项目的运动员购买运动期间短期人身意外伤害保险；二是组织各种活动时必需的交通意外险。

103 职工福利的责任主体是谁？工会对会员的慰问可以替代职工福利吗?

（1）国家的相关政策文件明确规定，用人单位要创造条件，改善集体福利，提高劳动者的福利待遇。国家对职工福利费支出有明确规定的，各单位应当严格执行。国家没有明确规定的，企业可参照当地物价水平、职工收入情况、企业财务状况等确定职工福利项目合理标准。根据《企业工会工作条例》第十八条第（七）项，企业工会的基本任务之一是协助和督促企业做好劳动报酬、劳动安全卫生和保险福利等方面的工作，监督有关法律、法规的贯彻执行。

可见，职工福利的责任主体应该是企事业单位行政；工会的责任是要代表职工进行监督，督促用人单位落实职工福利的主体责任，并积极发挥拾遗补阙作用，和单位行政共同服务好职工群众。

（2）工会对会员的慰问不可以替代职工福利。在《基层工会经费收支管理办法》明确规定了工会经费可以用于逢年过节慰问和会员大事件慰问后，有些企事业单位就取消了职工的部分正当福利，将工会作为专门为职工发放福利的部门。这样不仅挤占了工会经费，影响了工会活动的有序开展，还削弱了工会的基本职能，降低了工会在职工群众中的影响力。

104 基层工会能否将全部或是大部分工会经费用来慰问会员？

《中国工会章程》明确指出："中国工会的基本职责是维护职工合法权益、竭诚服务职工群众。"可见，维权和服务是中国工会组织的基本职责。如前所述，基层工会经费支出范围包括：职工活动支出、职工服务支出、维权支出、业务支出、资本性支出、对附属单位的支出和其他支出等七项。工会对会员的慰问只是职工活动支出中的一部分，不能用全部或者大部分工会经费。基层工会如若将工会经费全部或是大部分用来慰问会员，势必会种了他人田荒了自家地，不能聚焦工会的主业主责。这也是为何部分省级工会的《基层工会经费收支管理办法》实施细则中对逢年过节的慰问支出采用“百分比控制”或“双控取低”标准。如：上海市总工会规定，逢年过节慰问品的年度发放总金额不得超过基层工会当年度留成经费的50%；浙江省总工会规定，逢年过节慰问品的发放标准原则上每人每年不超过1500元，同时全年支出总额不得突破当年拨缴经费收入的60%。

基层工会应努力改变当前“福利型工会”的现状，并致力打造出“维权型工会”和“服务型工会”。由此，基层工会在财务管理上要改变当前工会经费只简单用于慰问会员的现状，应优化工会经费的支出结构，把更多的资金用到职工技能提升、困难职工帮扶、维权服务等主业主责上来。将更多的工会经费用于直接服务职工群众，帮助解决广大职工群众最关心最直接最现实的利益问题。职工群众的劳动经济权益和民主政治权利得到了保障，才会有更多的获得感、幸福感和安全感。与此同时，基层工会活力才能得以增强、工会整体实力才能得以提升。正所谓，工会只有有为才能有位。

105 基层工会可否将收取的会员会费返还给工会会员？工会会费使用过程中应该注意哪些问题？

基层工会不可以将收取的会员会费返还给工会会员。按照规定，工会依法收取的会费收入只能用于开展会员的集体活动，不能以现金等方式返还给工会会员。会员会费全部留在基层工会，主要用于基层工会为会员开展包括观看电影、观看文艺演出、观看体育比赛、开展春游秋游、购买当地城市公园年票五项的会员集体活动。

基层工会在使用会员会费开展以上五项集体活动时需注意以下细节：

（1）会费不足部分可以用工会经费弥补，但弥补部分不得超过基层工会当年会费收入的 3 倍。即，以上五项会员集体活动的最高支出不得超过基层工会当年会费收入的 4 倍。同时需注意的是，弥补的前提是按时足额收取了全部会员应交纳的会费。

（2）组织会员观看电影、文艺演出、体育比赛等，应尽量统一组织。因会员工作性质、时间等原因不能统一组织的，可发放同等价值观摩凭证。

（3）春游秋游应当日往返；不得到有关部门明令禁止的 21 个风景名胜区［八达岭－十三陵、承德避暑山庄外八庙、五台山、太湖、普陀山、黄山、九华山、武夷山、庐山、泰山、嵩山、武当山、武陵源（张家界）、白云山、峨眉山－乐山大佛、九寨沟－黄龙、黄果树、西双版纳、华山、桂林漓江、三亚热带海滨］开展春游秋游活动；组织春游秋游活动时，可以委托旅行社组织，需签订委托协议；春游秋游活动可开支伙食补助费、交通费、活动用品费、人身意外保险等，至于可不可以开支景区门票费、导游费等执行所属省级工会《基层工会经费收支管理办法》实施细则的规定。

（4）当地公园年票通常是指所在城市公园年票，不能包括旅游公园和寺庙等。

106 基层工会各种物资的采购需要公开招标吗？有哪些具体做法？

目前，全国总工会和各省级总工会对基层工会各种物资的采购尚未统一规定必须采用公开招标的方式，但并不意味着基层工会采购物资时就可以随意、主观。基层工会物资采购应遵循“阳光采购”的基本原则，即要按照“公开、公平、公正”和诚信择优的原则，严格合同约束，实行信息公开。基层工会委员会要落实集体决策，成立物资采购小组，负责物资采购的相关事宜。通常的做法是：

（1）在政府采购目录内或限额标准以上的，参照本单位行政方面有关集中采购的规定执行。

（2）在政府采购目录外或限额标准以内的，经工会主席办公会讨论通过后，由工会采购小组按照货比多家的方式自行组织择优采购。货比多家采购通常需具备以下手续：①会议纪要；②采购小组名单；③市场调查：坚持诚信择优原则，选择商家，对商品的品牌、型号、质量和价格进行对比，并附上对比资料；④超过一定金额的要签订采购合同；⑤相关通知、申请报告、发票、签收单等。

（3）抗洪抢险救灾等应急物资的采购，可根据紧急情况，由工会主席向单位党政主要领导汇报，并采用手机短信等形式通报工会委员后，由采购小组就近采购，特别紧急时可用现金采购。但相关情况需后续在工会委员会上通报。

所以，基层工会应在遵守政府集中采购和上级工会采购规定的前提下，参照本单位行政方面有关集中采购的规定，制定和完善工会内部采购制度。在执行采购时，应严格按制度规定选择采购方式和履行采购程序。

107 基层工会在开展会员慰问方面的负面清单有哪些？

（1）擅自提高慰问品的发放标准。

（2）超范围慰问：慰问不属于本单位的在职工会会员。

（3）以慰问金替代慰问品的形式进行逢年过节、会员生日、结婚生育及退休离岗的慰问等。

（4）在《基层工会经费收支管理办法》中第八条第（四）项允许范围以外的节日发放节日慰问品、现金补贴等。

108 基层工会在为工会会员和职工开展活动方面的负面清单有哪些?

（1）超标准、超范围发放奖励。

（2）违反规定乱设奖项。

（3）对明文规定发放慰问品的以慰问金代替。

（4）到有关部门明令禁止的风景名胜区安排相关活动。

（5）擅自提高标准、超范围发放讲课费、裁判费、评审费、教练费、劳务费、伙食补助费等。

（6）以组织职工活动为名给工作人员或参加活动人员发放未有明确规定的通信费、加班费、交通费、年终奖等任何形式的现金补贴。

（7）以购买或发放各类活动卡（健身卡、游泳卡、瑜伽卡等）的形式代替组织职工活动。

（8）擅自提高用工会经费弥补会员会费不足的标准。

109 工会经费支付的各种慰问、奖励、补助、补贴等是否需要缴纳个人所得税?

《中华人民共和国个人所得税法实施条例》第六条第（一）项规定："工资、薪金所得，是指个人因任职或者受雇取得的工资、薪金、奖金、年终加薪、劳动分红、津贴、补贴以及与任职或者受雇有关的其他所得。"显然，会员职工从工会所取得的用工会经费支付的各种慰问、奖励、补助、补贴等是属于工资薪金所得的。

《中华人民共和国个人所得税法实施条例》第八条规定："个人所得的形式，包括现金、实物、有价证券和其他形式的经济利益；所得为实物的，应当按照取得的凭证上所注明的价格计算应纳税所得额，无凭证的实物或者凭证上所注明的价格明显偏低的，参照市场价格核定应纳税所得额；所得为有价证券的，根据票面价格和市场价格核定应纳税所得额；所得为其他形式的经济利益的，参照市场价格核定应纳税所得额。"所以，会员职工从工会所取得的不管是现金形式还是实物形式的各种慰问、奖励、补助、补贴等也都是属于个人所得税的应税范围。

《中华人民共和国个人所得税法》第四条规定了十项个人所得免征个人所得税，其中两项和工会有关。一是省级人民政府、国务院部委和中国人民解放军军以上单位，以及外国组织、国际组织颁发的科学、教育、技术、文化、卫生、体育、环境保护等方面的奖金，由全国总工会颁发的全国五一劳动奖章和省级工会代同级政府评选的省级劳动模范和先进工作者属于省、部级奖励，其奖励所得可免征个人所得税。二是福利费、抚恤金、救济金免征个人所得税。《中华人民共和国个人所得税法实施条例》第十一条进一步明确了该福利费是指，根据国家有关规定，从企业、事业单位、国家机关、社会组织提留的福利费或者工会经费中支付给个人的生活补助费；所称救济金，是指各级人民政府民政部门支付给个人的生活困难补助费。

根据税法及相关规定，会员职工从工会所取得的用工会经费支付的各种慰问、奖励、补助、补贴等只有两种情况是可以免征个人所得税的：一是全国五一劳动奖章和省级工会代同级政府评选的省级劳动模范和先进工作者的奖励收入。二是临时性生活困难补助收入，如困难职工收到的工会帮扶资金或是帮扶物资；工会会员本人及家庭因大病、意外事故、子女就学等原因致困时，收到工会给予的慰问金等也是免征个人所得税的。除此之外的其他各种慰问、奖励、补助、补贴等无论是现金形式还是实物形式的均应与当月工资薪金合并缴纳个人所得税。

实务中，各地税务部门对于各级工会用工会经费给会员职工发放的各种慰问、奖励、补助、补贴等是否计征个人所得税的处理细节上可能稍有差异。除了以上两项较为明确的免税收入外，税务部门基本都是按照但凡是支付给单位职工人人有份的，或是能明确到是属于职工个人的原则来计征个人所得税。

注意：《国家税务总局关于生活补助费范围确定问题的通知》（国税发〔1998〕155号）统一明确实际执行中应把握的：一是生活补助费是指由于某些特定事件或原因而给纳税人或其家庭的正常生活造成一定困难，其任职单位按国家规定从提留的福利费或者工会经费中向其支付的临时性生活困难补助。而该生活困难补助收入是免税的。二是从超出国家规定的比例或基数计提的福利费、工会经费中支付给个人的各种补贴、补助，以及从福利费和工会经费中支付给单位职工的人人有份的补贴、补助等都不属于免税的福利费范围，而应当并入纳税人的工资、薪金收入计征个人所得税。

110 基层工会应如何划分工会经费与企事业单位行政方面的有关费用?

（1）各级人民政府和企事业、行政单位为工会开展活动提供必要物质条件是我国的一贯政策。根据《工会法》《中国工会章程》和国家的有关规定，以下两项关于工会办公等方面的费用必须是由单位行政承担。

一是工会房屋、设备费用。依据《工会法》第四十五条规定，工会办公和开展活动的设施和场所等物质条件，应当由同级政府和企业、事业单位、机关解决。其中基层工会办公用房、文艺、体育、教育和服务等活动场地设施、设备及其维修、水、电、取暖等费用，均由同级行政解决。

二是工会专职人员费用。企业、事业单位、机关工会委员会的专职工作人员的工资、奖励、补贴，由所在单位支付。他们的社会保险和其他福利待遇等，享受本单位其他职工的同等待遇。基层工会工作人员的离、退休费及退职生活费开支，应与企事业单位其他职工一样，由企事业单位行政方面负责支付。

（2）企事业单位行政和基层工会在服务职工方面的工作经费保障通常有四项：职工福利费、职工教育经费、劳动保护费和工会经费。其中，职工福利费、职工教育经费和劳动保护费的责任主体是企事业单位行政。工会要代表职工进行监督，督促企事业单位行政落实职工教育经费支出的主体责任，并积极发挥拾遗补阙作用。

（3）基层工会中不少费用开支，企业、事业单位行政往往也能开支，工会与行政在一些开支划分上，也很难在全国范围内作统一规定。对此，基层工会在服务职工开展工会活动时，和单位行政方面有关费用的划分可以参考以下原则：

一是明确应由行政开支的：①有关生产奖励、安全保护等生产经营管理方面的开支；②行政方面委托工会举办的表彰劳模、积极分子及先进生产（工作）者等方面的会议费和奖励费；③企业、事业单位召开职工代表大会所需的各项费用；④有关企业举办的文化、福利事业，在基建、设施、开办和经常费用方面的开支；⑤职工的疗休养费用。

二是双方共同负担的：①在职工教育方面：行政办学的，应由行政在职工教育经费中开支，不足时，工会也可以适当予以支持；工会办学的，先由工会在所掌握的工会经费中开支，不足时，也可以向行政申请补助。②在劳模、先进工作者疗休养活动方面：其往返路费、伙食补助和床位费，按规定由其所在单位行政中列支；其活动费、公杂费由组织活动的工会负担。

三是由行政负担为主，但在一定情况下，工会也可以适当开支。工会开展活动所需的大型设备，按规定应由行政负担。如果行政负担有困难，而职工又有需要，工会财力有富余时，基层工会可以从工会经费中适当弥补。

GONG HUI CAI WU GONG ZUO ZI CE TI

第六部分

工会财务工作自测题

一、单选题

1. 工会财务工作的主要任务是（　）工会经费。

A. 收好　　B. 用好

C. 管好　　D. 收好、用好、管好

2. 工会财务工作的特点有独立性、法定性、（　）。

A. 政治性　　B. 灵活性

C. 有效性　　D. 群众性

3. 工会实行的财务体制是（　）。

A. 统一领导

B. 统一领导、分级管理

C. 统一所有、分级监管、单位使用

D. 统一领导、分级管理、分级负责、下审一级

4. 工会财务管理一般共有（　）个层级。

A. 2　　B. 3

C. 4　　D. 5

5. 工会会计采用（　）的记账基础。

A. 收付实现制

B. 权责发生制

C. 一般采用权责发生制，部分经济业务或者事项应当按照制度的规定采用收付实现制

D. 一般采用收付实现制，部分经济业务或者事项应当按照

制度的规定采用权责发生制

6. 工会会员会费收入的收取标准为会员（　）。

A. 月工资收入 ×2%

B. 月工资收入 ×0.5%

C. 月工资总额 ×2%

D. 月工资总额 ×0.5%

7. 拨缴经费收入的计拨标准为（　）。

A. 全部会员工资总额 ×1%

B. 全部会员工资总额 ×2%

C. 全部职工基本工资 ×2%

D. 全部职工工资总额 ×2%

8. 以下不属于计算拨缴经费收入“全部职工”范畴的是（　）。

A. 本单位的正式职工

B. 本单位的合同制职工

C. 临时借调到外单位工作的职工

D. 离休、退休、退职人员

9. 以下不属于计算拨缴经费收入的“工资总额”范畴的是（　）。

A. 劳动报酬总额

B. 奖金、津贴和补贴

C. 以实物形式支付的补贴

D. 有关劳动保险和职工福利方面的各项费用

10. 劳务派遣工的工会拨缴经费应由（　）提取。

A. 不用提取

B. 用工单位

C. 劳务派遣单位

D. 用工单位和劳务派遣单位共同协商确定

11. 以下不属于《基层工会经费收支管理办法》提出的加强拨缴经费收入管理要求的是（ ）。

A. 要严格按照国家统计局公布的职工工资总额口径拨缴

B. 要严格按照所在省级工会规定的分成比例及时足额拨缴

C. 实行财政划拨的基层工会经费视财政收入多少而定

D. 委托税务代收部分工会经费的基层工会，还应加强与本单位党政部门的沟通，依法足额落实基层工会的留成经费

12. 以下不属于《基层工会经费收支管理办法》提出的对基层工会加强行政补助收入管理要求的是（ ）。

A. 要统筹安排行政补助收入

B. 要按照预算确定的用途开支

C. 不得将与工会无关的经费以行政补助名义纳入账户管理

D. 可以用行政补助收入来报销“三公经费”

13. 各级工会的其他收入不包括（ ）。

A. 固定资产处置净收入

B. 接受捐赠收入

C. 银行存款利息收入

D. 附属单位上缴收入

14. 以下不属于《基层工会经费收支管理办法》规定的基层工会经费支出范围的是（ ）。

A. 职工活动支出　　　　B. 维权支出

C. 业务支出　　　　　　　　D. 行政支出

15. 不可以从工会经费中开支的项目是（　）。

A. 职工文体活动支出

B. 资本性支出

C. 奖励优秀工会干部和工会积极分子

D. 偿还企业欠债

16. 根据《基层工会经费收支管理办法》的规定，基层工会职工活动支出不包括（　）。

A. 基层工会组织开展职工教育活动的支出

B. 基层工会组织开展职工文体活动的支出

C. 基层工会组织开展宣传活动所发生的支出

D. 基层工会开办的图书馆、阅览室和职工书屋等职工文体活动阵地所发生的支出

17. 基层工会对文体活动优胜者的奖励范围不得超过（　）。

A. 总职工人数的 1/3

B. 总职工人数的 2/3

C. 参与人数的 1/3

D. 参与人数的 2/3

18. 某基层工会在 2020 年收取了 5 万元的会员会费，则该基层工会可以用在开展会员集体活动方面的支出最多为（　）万元。

A. 5　　　　　　　　B. 10

C. 15　　　　　　　　D. 20

19. 《基层工会经费收支管理办法》规定中的“逢年过节”

不包括（　）。

A. 春节

B. “五一”劳动节

C. 国庆节

D. “三八”妇女节和“六一”儿童节

20. 根据《基层工会经费收支管理办法》规定，基层工会发放慰问品采用的便捷灵活方式可以是（　）。

A. 现金　　B. 购物卡

C. 代金券　　D. 提货凭证或 APP 等

21. 基层工会经费不可以用于（　）的疗休养支出。

A. 普通职工

B. 长期从事有毒有害等特殊工种的职工

C. 患职业病、慢性病、工伤职工

D. 劳动模范和先进职工

22. 以下不属于工会维权支出的是（　）。

A. 工会在协调劳动关系争议中发生的支出

B. 工会向职工群众提供法律咨询、法律服务等发生的支出

C. 工会对困难职工帮扶发生的支出

D. 工会为职工办公购买空气净化器的支出

23. 下列属于工会的代管经费的是（　）。

A. 团费

B. 党费

C. 会员缴纳的会费

D. 职工个人交纳的互助互济保障活动的保费

24. 下列可以从工会经费中开支的会议支出是（　）。

A. 职代会

B. 企事业单位召开的先进工作者表彰大会

C. 公司年会

D. 工会会员（代表）大会

25. 下列不属于工会专项业务支出的是（　）。

A. 组织建设支出

B. 劳模津贴支出

C. 扶贫支出

D. 兼职工会干部的补贴

26. 下列不属于基层工会其他业务支出的是（　）。

A. 兼职工会干部的补贴

B. 优秀工会干部和积极分子的奖励

C. 基层工会必要的办公费、差旅费

D. 基层工会购买办公用电脑的费用

27. 下列不属于资本性支出的是（　）。

A. 职工之家的修缮费用

B. 工会信息网络购建支出

C. 工会从事工会建设工程支出

D. 工会开展文体活动时购买的器材

28. 下列不属于各级工会其他支出的是（　）。

A. 资产盘亏

B. 固定资产处置净损失

C. 捐赠、赞助

D. 投资损失

29. 《基层工会经费收支管理办法》中规定不可以用工会经费慰问会员或职工的是（ ）。

A. 退休离岗慰问

B. 工会对会员家庭成员因意外事故致困的慰问

C. 炎热、寒冷、雾霾等极端天气对在岗一线职工的慰问

D. 单位职工调到集团总部的欢送慰问

30. 下列不是国家规定应由企事业单位行政开支的是（ ）。

A. 工会房屋、设备费用

B. 工会专职人员费用

C. 有关生产奖励、安全保护等生产经营管理方面的开支

D. 工会聘请兼职财务人员的开支

31. 因机构改革，基层工会组织合并、分立、撤销、解散时，其经费资产处置不正确的是（ ）。

A. 合并的单位，其财产、经费按照清查报告的金额归合并后的工会所有

B. 拆分的单位，其财产、经费由原工会依据人数比例、预算执行情况编制分配方案，将财产、经费划拨到分立后的工会

C. 撤销或者解散的单位，其财产、经费按照清查报告的金额交由上级工会处置

D. 撤销或者解散的单位，其财产、经费按照人数进行分配或上交给国家处置

32. 下列不属于基层工会财务管理部门预算管理职责的是（ ）。

A. 负责编制本级工会预（决）算草案和预算调整方案，报上级工会备案

B. 组织本级预算的执行

C. 定期向本级工会经费审查委员会报告本级工会预算执行情况

D. 定期向单位行政领导汇报本级工会预算执行情况

33. 下列不属于基层工会预算草案审批程序的是（　）。

A. 须经本级经费审查委员会审查

B. 由本级工会委员会审批

C. 报上级工会备案

D. 须经单位行政负责人审查通过

34. 下列不属于“必须经集体研究决定后方可提前使用”情形的是（　）。

A. 送温暖支出

B. 突发事件支出

C. 本级工会已确定年度重点工作支出

D. 上一年结转的项目支出和必要的基本支出

35. 预算执行中不得有的行为不包括（　）。

A. 擅自扩大支出范围，提高开支标准

B. 擅自改变预算资金用途

C. 虚假列支

D. 不同预算科目、预算级次或项目间的预算资金调剂使用

36. 下列不属于《工会预算管理办法》规定的应当进行预算调整事项的是（　）。

A. 需要增加或减少预算总支出的

B. 动用预备费仍不足以安排支出的，或动用预算稳定调节基金的

C. 需要调减预算安排的重点支出数额的

D. 因上级工会增加不需要本级工会提供配套资金的补助而引起的预算收支变化

37. 基层工会经费收支决算报表需要报送的材料通常不包括（ ）。

A. 工会经费收支决算表

B. 工会经费收支决算说明书

C. 会计主表及附表

D. 所属单位的年报

38. 下列不属于《工会预算管理办法》规定的“对负有直接责任的主管人员和其他直接责任人员追究行政责任”情形的是（ ）。

A. 未按办法规定编报本级预（决）算草案、预算调整方案和批复预（决）算的

B. 虚列收入和支出的

C. 截留、挪用、拖欠拨缴经费收入的

D. 违反规定扩大开支范围、提高开支标准的

39. 各级工会的财务活动必须接受的监督不包括（ ）。

A. 经审监督

B. 国家和社会监督

C. 民主监督

D. 单位行政内部审计部门的监督

40. 下列不属于工会财务监督主要内容的是（　）。

A. 工会经费计拨、收缴与票据使用管理情况

B. 工会预算编制、审批与执行情况

C. 工会内部控制制度建设情况

D.《企业会计制度》执行情况

二、多选题

1. 工会应设置哪些账簿？（　）

A. 总账　　B. 明细账

C. 日记账　　D. 辅助账簿

E. 备查账簿

2. 根据新《工会会计制度》，工会会计报表主表主要包括（　）。

A. 资产负债表　　B. 收入支出表

C. 往来款项明细表　　D. 经费收缴情况表

3. 根据《工会法》第四十二条的规定，工会经费的来源包括（　）。

A. 工会会员缴纳的会费

B. 建立工会组织的企业、事业单位、机关按每月全部职工工资总额的 2% 向工会拨缴的经费

C. 工会所属的企业、事业单位上缴的收入

D. 人民政府的补助

E. 其他收入

4. 计算拨缴经费收入的工资总额包括（　）。

A. 基本工资　　B. 奖金

C. 津贴　　D. 各种补助

5. 拨缴经费收入的拨缴形式包括（　）。

A. 自主收缴　　B. 财政统一划拨

C. 委托税务机关代收　　D. 以上都不对

6. 属于工会经费收缴方面负面清单的有（　）。

A. 不收或少收工会会员会费

B. 不按照职工工资总额的 2% 计提或少提工会经费

C. 不按照规定比例上缴工会经费

D. 将应计入收入的经费列入往来科目核算，形成“小金库”

7.《工会法》第四十二条明确规定，工会经费主要用于（　）。

A. 为职工服务　　B. 工会活动

C. 为职工发放集体福利　　D. 弥补行政经费不足

8. 下列属于《基层工会经费收支管理办法》规定的工会经费使用“八不准”内容的是（　）。

A. 不准使用工会经费请客送礼

B. 不准违反工会经费使用规定，滥发奖金、津贴、补贴

C. 不准使用工会经费从事高消费性娱乐和健身活动

D. 不准单位行政利用工会账户，违规设立“小金库”

E. 不准将工会账户并入单位行政账户，使工会经费开支失去控制

9. 下列属于《基层工会经费收支管理办法》规定的基层工会经费收支管理原则的是（　）。

A. 遵纪守法原则　　B. 经费独立原则

C. 预算管理原则　　D. 服务职工原则

E. 勤俭节约原则　　F. 民主管理原则

10.《工会预算管理办法》规定，工会预算应当遵循（　）的原则。

A. 统筹兼顾　　B. 勤俭节约

C. 量力而行　　D. 讲求绩效

E. 收支平衡

测试题参考答案

一、单选题

1. D	2. D	3. B	4. D
5. D	6. B	7. D	8. D
9. D	10. B	11. C	12. D
13. D	14. D	15. D	16. D
17. D	18. D	19. D	20. D
21. A	22. D	23. D	24. D
25. D	26. D	27. D	28. D
29. D	30. D	31. D	32. D
33. D	34. D	35. D	36. D
37. D	38. D	39. D	40. D

二、多选题

1. ABCDE	2. AB	3. ABCDE	4. ABCD
5. ABC	6. ABCD	7. AB	8. ABCDE
9. ABCDEF	10. ABCDE		

FU LU

附　录

中华人民共和国工会法（摘录）

(1992年4月3日第七届全国人民代表大会第五次会议通过 1992年4月3日中华人民共和国主席令第五十七号公布 根据2001年10月27日第九届全国人民代表大会常务委员会第二十四次会议《关于修改〈中华人民共和国工会法〉的决定》第一次修正 根据2009年8月27日中华人民共和国主席令第十八号第十一届全国人民代表大会常务委员会第十次会议《关于修改部分法律的决定》第二次修正)

第四章 基层工会组织

第三十五条 国有企业职工代表大会是企业实行民主管理的基本形式，是职工行使民主管理权力的机构，依照法律规定行使职权。

国有企业的工会委员会是职工代表大会的工作机构，负责职工代表大会的日常工作，检查、督促职工代表大会决议的执行。

第三十六条 集体企业的工会委员会，应当支持和组织职工参加民主管理和民主监督，维护职工选举和罢免管理人员、决定经营管理的重大问题的权力。

第三十七条 本法第三十五条、第三十六条规定以外的其他企业、事业单位的工会委员会，依照法律规定组织职工采取与企业、事业单位相适应的形式，参与企业、事业单位民主管理。

第三十八条 企业、事业单位研究经营管理和发展的重大问题应当听取工会的意见；召开讨论有关工资、福利、劳动安全卫生、社会保险等涉及职工切身利益的会议，必须有工会代表参加。

企业、事业单位应当支持工会依法开展工作，工会应当支持企业、事业单位依法行使经营管理权。

第三十九条 公司的董事会、监事会中职工代表的产生，依照公司法有关规定执行。

第四十条 基层工会委员会召开会议或者组织职工活动，应当在生产或者工作时间以外进行，需要占用生产或者工作时间的，应当事先征得企业、事业单位的同意。

基层工会的非专职委员占用生产或者工作时间参加会议或者从事工会工作，每月不超过三个工作日，其工资照发，其他待遇不受影响。

第四十一条 企业、事业单位、机关工会委员会的专职工作人员的工资、奖励、补贴，由所在单位支付。社会保险和其他福利待遇等，享受本单位职工同等待遇。

第五章　工会的经费和财产

第四十二条 工会经费的来源：

（一）工会会员缴纳的会费；

（二）建立工会组织的企业、事业单位、机关按每月全部职工工资总额的百分之二向工会拨缴的经费；

（三）工会所属的企业、事业单位上缴的收入；

（四）人民政府的补助；

（五）其他收入。

前款第二项规定的企业、事业单位拨缴的经费在税前列支。

工会经费主要用于为职工服务和工会活动。经费使用的具体办法由中华全国总工会制定。

第四十三条　企业、事业单位无正当理由拖延或者拒不拨缴工会经费，基层工会或者上级工会可以向当地人民法院申请支付令；拒不执行支付令的，工会可以依法申请人民法院强制执行。

第四十四条　工会应当根据经费独立原则，建立预算、决算和经费审查监督制度。

各级工会建立经费审查委员会。

各级工会经费收支情况应当由同级工会经费审查委员会审查，并且定期向会员大会或者会员代表大会报告，接受监督。工会会员大会或者会员代表大会有权对经费使用情况提出意见。

工会经费的使用应当依法接受国家的监督。

第四十五条　各级人民政府和企业、事业单位、机关应当为工会办公和开展活动，提供必要的设施和活动场所等物质条件。

第四十六条　工会的财产、经费和国家拨给工会使用的不动产，任何组织和个人不得侵占、挪用和任意调拨。

第四十七条 工会所属的为职工服务的企业、事业单位，其隶属关系不得随意改变。

第四十八条 县级以上各级工会的离休、退休人员的待遇，与国家机关工作人员同等对待。

第六章 法律责任

第四十九条 工会对违反本法规定侵犯其合法权益的，有权提请人民政府或者有关部门予以处理，或者向人民法院提起诉讼。

第五十条 违反本法第三条、第十一条规定，阻挠职工依法参加和组织工会或者阻挠上级工会帮助、指导职工筹建工会的，由劳动行政部门责令其改正；拒不改正的，由劳动行政部门提请县级以上人民政府处理；以暴力、威胁等手段阻挠造成严重后果，构成犯罪的，依法追究刑事责任。

第五十一条 违反本法规定，对依法履行职责的工会工作人员无正当理由调动工作岗位，进行打击报复的，由劳动行政部门责令改正、恢复原工作；造成损失的，给予赔偿。

对依法履行职责的工会工作人员进行侮辱、诽谤或者进行人身伤害，构成犯罪的，依法追究刑事责任；尚未构成犯罪的，由公安机关依照治安管理处罚法的规定处罚。

第五十二条 违反本法规定，有下列情形之一的，由劳动行政部门责令恢复其工作，并补发被解除劳动合同期间应得的报酬，或者责令给予本人年收入二倍的赔偿：

（一）职工因参加工会活动而被解除劳动合同的；

（二）工会工作人员因履行本法规定的职责而被解除劳动合同的。

第五十三条 违反本法规定，有下列情形之一的，由县级以上人民政府责令改正，依法处理：

（一）妨碍工会组织职工通过职工代表大会和其他形式依法行使民主权利的；

（二）非法撤销、合并工会组织的；

（三）妨碍工会参加职工因工伤亡事故以及其他侵犯职工合法权益问题的调查处理的；

（四）无正当理由拒绝进行平等协商的。

第五十四条 违反本法第四十六条规定，侵占工会经费和财产拒不返还的，工会可以向人民法院提起诉讼，要求返还，并赔偿损失。

第五十五条 工会工作人员违反本法规定，损害职工或者工会权益的，由同级工会或者上级工会责令改正，或者予以处分；情节严重的，依照《中国工会章程》予以罢免；造成损失的，应当承担赔偿责任；构成犯罪的，依法追究刑事责任。

第七章 附 则

第五十六条 中华全国总工会会同有关国家机关制定机关工会实施本法的具体办法。

第五十七条 本法自公布之日起施行。1950 年 6 月 29 日中央人民政府颁布的《中华人民共和国工会法》同时废止。

中华全国总工会办公厅关于印发《基层工会经费收支管理办法》的通知

（总工办发〔2017〕32号　2017年12月15日）

各省、自治区、直辖市总工会，各全国产业工会，中共中央直属机关工会联合会、中央国家机关工会联合会，全总各部门、各直属单位：

《基层工会经费收支管理办法》已经中华全国总工会第十六届书记处第八十次会议审议通过，现印发给你们，请认真贯彻执行。

基层工会经费收支管理办法

第一章　总　则

第一条　为加强基层工会收支管理，规范基层工会经费使用，根据《中华人民共和国工会法》和《中国工会章程》《工会会计制度》《工会预算管理办法》的有关规定，结合中华全国总工会（以下简称“全国总工会”）贯彻落实中央有关规定的相关要求，制定本办法。

第二条　本办法适用于企业、事业单位、机关和其他经济社会组织单独或联合建立的基层工会委员会。

第三条 基层工会经费收支管理应遵循以下原则：

（一）遵纪守法原则。基层工会应依据《中华人民共和国工会法》的有关规定，依法组织各项收入，严格遵守国家法律法规，严格执行全国总工会有关制度规定，严肃财经纪律，严格工会经费使用，加强工会经费收支管理。

（二）经费独立原则。基层工会应依据全国总工会关于工会法人登记管理的有关规定取得工会法人资格，依法享有民事权利、承担民事义务，并根据财政部、中国人民银行的有关规定，设立工会经费银行账户，实行工会经费独立核算。

（三）预算管理原则。基层工会应按照《工会预算管理办法》的要求，将单位各项收支全部纳入预算管理。基层工会经费年度收支预算（含调整预算）需经同级工会委员会和工会经费审查委员会审查同意，并报上级主管工会批准。

（四）服务职工原则。基层工会应坚持工会经费正确的使用方向，优化工会经费支出结构，严格控制一般性支出，将更多的工会经费用于为职工服务和开展工会活动，维护职工的合法权益，增强工会组织服务职工的能力。

（五）勤俭节约原则。基层工会应按照党中央、国务院关于厉行勤俭节约反对奢侈浪费的有关规定，严格控制工会经费开支范围和开支标准，经费使用要精打细算，少花钱多办事，节约开支，提高工会经费使用效益。

（六）民主管理原则。基层工会应依靠会员管好用好工会经费。年度工会经费收支情况应定期向会员大会或会员代表大会报告，建立经费收支信息公开制度，主动接受会员监督。同时，接受上级工会监督，依法接受国家审计监督。

第二章　工会经费收入

第四条　基层工会经费收入范围包括：

（一）会费收入。会费收入是指工会会员依照全国总工会规定按本人工资收入的 5‰向所在基层工会缴纳的会费。

（二）拨缴经费收入。拨缴经费收入是指建立工会组织的单位按全部职工工资总额 2% 依法向工会拨缴的经费中的留成部分。

（三）上级工会补助收入。上级工会补助收入是指基层工会收到的上级工会拨付的各类补助款项。

（四）行政补助收入。行政补助收入是指基层工会所在单位依法对工会组织给予的各项经费补助。

（五）事业收入。事业收入是指基层工会独立核算的所属事业单位上缴的收入和非独立核算的附属事业单位的各项事业收入。

（六）投资收益。投资收益是指基层工会依据相关规定对外投资取得的收益。

（七）其他收入。其他收入是指基层工会取得的资产盘盈、固定资产处置净收入、接受捐赠收入和利息收入等。

第五条　基层工会应加强对各项经费收入的管理。要按照会员工资收入和规定的比例，按时收取全部会员应交的会费。要严格按照国家统计局公布的职工工资总额口径和所在省级工会规定的分成比例，及时足额拨缴工会经费；实行财政划拨或委托税务代收部分工会经费的基层工会，应加强与本单位党政部门的沟通，依法足额落实基层工会按照省级工会确定的留成比例应当留成的经费。要统筹安排行政补助收入，按照预算确定的用途开支，不得将与工会无关的经费以行政补助名义纳入账户管理。

第三章　工会经费支出

第六条　基层工会经费主要用于为职工服务和开展工会活动。

第七条　基层工会经费支出范围包括：职工活动支出、维权支出、业务支出、资本性支出、事业支出和其他支出。

第八条　职工活动支出是指基层工会组织开展职工教育、文体、宣传等活动所发生的支出和工会组织的职工集体福利支出。包括：

（一）职工教育支出。用于基层工会举办政治、法律、科技、业务等专题培训和职工技能培训所需的教材资料、教学用品、场地租金等方面的支出，用于支付职工教育活动聘请授课人员的酬金，用于基层工会组织的职工素质提升补助和职工教育培训优秀学员的奖励。

对优秀学员的奖励应以精神鼓励为主、物质激励为辅。授课人员酬金标准参照国家有关规定执行。

（二）文体活动支出。用于基层工会开展或参加上级工会组织的职工业余文体活动所需器材、服装、用品等购置、租赁与维修方面的支出以及活动场地、交通工具的租金支出等，用于文体活动优胜者的奖励支出，用于文体活动中必要的伙食补助费。

文体活动奖励应以精神鼓励为主、物质激励为辅。奖励范围不得超过参与人数的三分之二；不设置奖项的，可为参加人员发放少量纪念品。

文体活动中开支的伙食补助费，不得超过当地差旅费中的伙食补助标准。

基层工会可以用会员会费组织会员观看电影、文艺演出和体育比赛等，开展春游秋游，为会员购买当地公园年票。会费不足部分可以用工会经费弥补，弥补部分不超过基层工会当年会费收入的三倍。

基层工会组织会员春游秋游应当日往返，不得到有关部门明令禁止的风景名胜区开展春游秋游活动。

（三）宣传活动支出。用于基层工会开展重点工作、重大主题和重大节日宣传活动所需的材料消耗、场地租金、购买服务等方面的支出，用于培育和践行社会主义核心价值观，弘扬劳模精神和工匠精神等经常性宣传活动方面的支出，用于基层工会开展或参加上级工会举办的知识竞赛、宣讲、演讲比赛、展览等宣传活动支出。

（四）职工集体福利支出。用于基层工会逢年过节和会员生日、婚丧嫁娶、退休离岗的慰问支出等。

基层工会逢年过节可以向全体会员发放节日慰问品。逢年过节的年节是指国家规定的法定节日（即：新年、春节、清明节、劳动节、端午节、中秋节和国庆节）和经自治区以上人民政府批准设立的少数民族节日。节日慰问品原则上为符合中国传统节日习惯的用品和职工群众必需的生活用品等，基层工会可结合实际采取便捷灵活的发放方式。

工会会员生日慰问可以发放生日蛋糕等实物慰问品，也可以发放指定蛋糕店的蛋糕券。

工会会员结婚生育时，可以给予一定金额的慰问品。工会会员生病住院、工会会员或其直系亲属去世时，可以给予一定金额的慰问金。

工会会员退休离岗，可以发放一定金额的纪念品。

（五）其他活动支出。用于工会组织开展的劳动模范和先进职工疗休养补贴等其他活动支出。

第九条 维权支出是指基层工会用于维护职工权益的支出。包括：劳动关系协调费、劳动保护费、法律援助费、困难职工帮扶费、送温暖费和其他维权支出。

（一）劳动关系协调费。用于推进创建劳动关系和谐企业活动、加强劳动争议调解和队伍建设、开展劳动合同咨询活动、集体合同示范文本印制与推广等方面的支出。

（二）劳动保护费。用于基层工会开展群众性安全生产和职业病防治活动、加强群监员队伍建设、开展职工心理健康维护等促进安全健康生产、保护职工生命安全为宗旨开展职工劳动保护发生的支出等。

（三）法律援助费。用于基层工会向职工群众开展法治宣传、提供法律咨询、法律服务等发生的支出。

（四）困难职工帮扶费。用于基层工会对困难职工提供资金和物质帮助等发生的支出。

工会会员本人及家庭因大病、意外事故、子女就学等原因致困时，基层工会可给予一定金额的慰问。

（五）送温暖费。用于基层工会开展春送岗位、夏送清凉、金秋助学和冬送温暖等活动发生的支出。

（六）其他维权支出。用于基层工会补助职工和会员参加互助互济保障活动等其他方面的维权支出。

第十条 业务支出是指基层工会培训工会干部、加强自身建设以及开展业务工作发生的各项支出。包括：

（一）培训费。用于基层工会开展工会干部和积极分子培训发生的支出。开支范围和标准以有关部门制定的培训费管理办法为准。

（二）会议费。用于基层工会会员大会或会员代表大会、委员会、常委会、经费审查委员会以及其他专业工作会议的各项支出。开支范围和标准以有关部门制定的会议费管理办法为准。

（三）专项业务费。用于基层工会开展基层工会组织建设、建家活动、劳模和工匠人才创新工作室、职工创新工作室等创建活动发生的支出，用于基层工会开办的图书馆、阅览室和职工书屋等职工文体活动阵地所发生的支出，用于基层工会开展专题调研所发生的支出，用于基层工会开展女职工工作性支出，用于基层工会开展外事活动方面的支出，用于基层工会组织开展合理化建议、技术革新、发明创造、岗位练兵、技术比武、技术培训等劳动和技能竞赛活动支出及其奖励支出。

（四）其他业务支出。用于基层工会发放兼职工会干部和专职社会化工会工作者补贴，用于经上级批准评选表彰的优秀工会干部和积极分子的奖励支出，用于基层工会必要的办公费、差旅费，用于基层工会支付代理记账、中介机构审计等购买服务方面的支出。

基层工会兼职工会干部和专职社会化工会工作者发放补贴的管理办法由省级工会制定。

第十一条 资本性支出是指基层工会从事工会建设工程、设备工具购置、大型修缮和信息网络购建而发生的支出。

第十二条 事业支出是指基层工会对独立核算的附属事业单位的补助和非独立核算的附属事业单位的各项支出。

第十三条 其他支出是指基层工会除上述支出以外的其他各项支出。包括：资产盘亏、固定资产处置净损失、捐赠、赞助等。

第十四条 根据《中华人民共和国工会法》的有关规定，基层工会专职工作人员的工资、奖励、补贴由所在单位承担，基层工会办公和开展活动必要的设施和活动场所等物质条件由所在单位提供。所在单位保障不足且基层工会经费预算足以保证的前提下，可以用工会经费适当弥补。

第四章 财务管理

第十五条 基层工会主席对基层工会会计工作和会计资料的真实性、完整性负责。

第十六条 基层工会应根据国家和全国总工会的有关政策

规定以及上级工会的要求，制定年度工会工作计划，依法、真实、完整、合理地编制工会经费年度预算，依法履行必要程序后报上级工会批准。严禁无预算、超预算使用工会经费。年度预算原则上一年调整一次，调整预算的编制审批程序与预算编制审批程序一致。

第十七条 基层工会应根据批准的年度预算，积极组织各项收入，合理安排各项支出，并严格按照《工会会计制度》的要求，科学设立和登记会计账簿，准确办理经费收支核算，定期向工会委员会和经费审查委员会报告预算执行情况。基层工会经费年度财务决算需报上级工会审批。

第十八条 基层工会应加强财务管理制度建设，健全完善财务报销、资产管理、资金使用等内部管理制度。基层工会应依法组织工会经费收入，严格控制工会经费支出，各项收支实行工会委员会集体领导下的主席负责制，重大收支须集体研究决定。

第十九条 基层工会应根据自身实际科学设置会计机构、合理配备会计人员，真实、完整、准确、及时反映工会经费收支情况和财务管理状况。具备条件的基层工会，应当设置会计机构或在有关机构中设置专职会计人员；不具备条件的，由设立工会财务结算中心的乡镇（街道）、开发区（工业园区）工会实行集中核算，分户管理，或者委托本单位财务部门或经批准设立从事会计代理记账业务的中介机构或聘请兼职会计人员代理记账。

第五章 监督检查

第二十条 全国总工会负责对全国工会系统工会经费的收入、支出和使用管理情况进行监督检查。按照“统一领导、分级管理”的管理体制，省以下各级工会应加强对本级和下一级工会经费收支与使用管理情况的监督检查，下一级工会应定期向本级工会委员会和上一级工会报告财务监督检查情况。

第二十一条 基层工会应加强对本单位工会经费使用情况的内部会计监督和工会预算执行情况的审查审计监督，依法接受并主动配合国家审计监督。内部会计监督主要对原始凭证的真实性合法性、会计账簿与财务报告的准确性及时性、财产物资的安全性完整性进行监督，以维护财经纪律的严肃性。审查审计监督主要对单位财务收支情况和预算执行情况进行审查监督。

第二十二条 基层工会应严格执行以下规定：

（一）不准使用工会经费请客送礼。

（二）不准违反工会经费使用规定，滥发奖金、津贴、补贴。

（三）不准使用工会经费从事高消费性娱乐和健身活动。

（四）不准单位行政利用工会账户，违规设立“小金库”。

（五）不准将工会账户并入单位行政账户，使工会经费开支失去控制。

（六）不准截留、挪用工会经费。

（七）不准用工会经费参与非法集资活动，或为非法集资活动提供经济担保。

（八）不准用工会经费报销与工会活动无关的费用。

第二十三条 各级工会对监督检查中发现违反基层工会经费收支管理办法的问题，要及时纠正。违规问题情节较轻的，要限期整改；涉及违纪的，由纪检监察部门依照有关规定，追究直接责任人和相关领导责任；构成犯罪的，依法移交司法机关处理。

第六章 附 则

第二十四条 各省级工会应根据本办法的规定，结合本地区、本产业和本系统工作实际，制定具体实施细则，细化支出范围，明确开支标准，确定审批权限，规范活动开展。各省级工会制定的实施细则须报全国总工会备案。基层工会制定的相关办法须报上级工会备案。

第二十五条 本办法自印发之日起执行。《中华全国总工会办公厅关于加强基层工会经费收支管理的通知》（总工办发〔2014〕23号）和《全总财务部关于〈关于加强基层工会经费收支管理的通知〉的补充通知》（工财发〔2014〕69号）同时废止。

第二十六条 基层工会预算编制审批管理办法由全国总工会另行制定。

第二十七条 本办法由全国总工会负责解释。

中华全国总工会办公厅关于印发《工会决算报告制度》的通知

（总工办发〔2019〕15号 2019年7月1日）

各省、自治区、直辖市总工会，中华全国铁路总工会、中国民航工会全国委员会、中国金融工会全国委员会，中央和国家机关工会联合会：

《工会决算报告制度》已经全总党组会议审议通过，现予以印发，请严格遵照执行。

工会决算报告制度

第一章 总 则

第一条 为了进一步加强全国工会财务管理，规范工会决算行为，全面、真实、准确、完整地反映各级工会及所属单位财务收支情况与财务管理状况，根据《工会法》《预算法》《会计法》等法律法规和《工会会计制度》《工会预算管理办法》的有关规定，制定本制度。

第二条 本制度所称工会决算报告是指，各级工会组织和工会所属事业单位在年度终了按照有关规定编报的年度财务收支决算和工会所属企业、协会、学会、基金会年度终了按照有关规定编制的年度会计报告。

第三条 本制度适用于各级工会组织及工会所属的事业单位、企业、协会、学会、基金会等单位。

第二章 决算报告的内容

第四条 工会决算报告主要包括：决算报表和报表填报情况说明。

第五条 决算报表主要反映单位决算结果、财务状况和机构人员等信息。全国总工会财务部每年可根据财务管理需要调整决算报告编制内容。

第六条 报表填报情况说明包括：决算报表的说明以及对重要指标的分析。报表说明包括：单位基本情况、数据审核情况、年度主要收支指标增减变动情况以及因重大事项或特殊事项影响决算数据的说明。重要指标分析是对决算报表中的部分重要指标进行分析比较，揭示预算执行、会计核算和财务管理等方面的情况和问题。

第三章 决算报告工作职责、责任

第七条 全国总工会财务部是工会决算报告工作的主管部门。负责制定工会系统决算报告的规章制度、报表体系，组织和指导全国工会决算信息化建设。

全国总工会财务部负责编制全国总工会机关决算报告，并分别按工会组织、事业单位、企业及非营利组织四种类型汇总全国总工会本级和各省级工会的决算报告。

全国总工会财务部负责审批全国总工会机关和本级所属执行《政府会计制度》的事业单位的决算，负责本级其他单位决算和各省级工会汇总决算的备案管理。全国总工会本级决算须向全国经费审查委员会汇报。

第八条 省级工会财务管理部门负责编制本级机关决算报告，并分别按工会组织、事业单位、企业及非营利组织四种类型汇总省本级和所属各级工会的决算报告。

省级工会财务管理部门负责审批本级机关和本级所属执行《政府会计制度》的事业单位的决算，负责本级其他单位决算的备案管理。

省本级工会决算须经同级工会委员会（或常委会、主席办公会）讨论通过，并经同级经费审查委员会审查通过。省级工会汇总决算需上报全国总工会财务部。

第九条 地市级工会财务管理部门负责编制本级机关决算报告，并分别按工会组织、事业单位、企业及非营利组织四种类型汇总本级和所属各级工会的决算报告。

地市级工会财务管理部门负责审批本级机关和本级所属执行《政府会计制度》的事业单位的决算，负责本级其他单位决算的备案管理。

地市级本级工会决算须经同级工会委员会（或常委会、主席办公会）讨论通过，并经同级经费审查委员会审查通过。地市级工会汇总决算需上报上一级工会财务管理部门。

第十条 县级工会财务管理部门负责编制本级机关决算报

告，并分别按工会组织、事业单位、企业及非营利组织四种类型汇总本级和所属各级工会的决算报告。

县级工会财务管理部门负责审批本级机关和本级所属执行《政府会计制度》的事业单位的决算，负责本级其他单位决算的备案管理。

县本级工会决算须经同级工会委员会（或常委会、主席办公会）讨论通过，并经同级经费审查委员会审查通过。全县汇总决算需上报上一级工会财务管理部门。

第十一条 县级以上工会对下级工会决算报告采取审批还是备案方式由县级以上工会财务管理部门根据自身需要确定。

第十二条 县级以上工会财务管理部门根据分级管理的原则，分别组织和指导本地区各级工会决算报告的编制、汇总、批复以及数据汇总分析、考核评价、软件培训工作。

第十三条 各基层工会应按照上级工会要求组织实施本单位的决算报告工作，真实、准确、完整、及时编制并报送本单位的决算报告。有所属单位的基层工会需按不同类型决算报告汇总后上报上一级工会财务管理部门。

第十四条 各单位负责人对本单位的决算报告真实性和完整性负责。财务人员应当认真、如实编制决算报告，不得故意漏报、瞒报有关决算报告信息，更不得编造虚假决算报告信息。

第十五条 各级工会应当认真组织开展决算报告工作，加强工作考核。

第四章　决算报告工作要求

第十六条　年度终了，各级工会应当按照全国总工会财务部的统一部署和要求，根据“统一领导，分级管理”原则自下而上逐级编制、报送、汇总工会决算报告。

第十七条　各级工会应当在全面清理收入、支出、资产、负债以及年终结账的基础上编制工会决算报告，做到数据真实准确、内容完整。

第十八条　县级以上工会财务管理部门应当认真做好决算审核备案工作，确保报送数据资料真实、完整、准确。凡发现决算报告编制不符合规定的，应当要求有关单位立即纠正，并限期重新报送。

第十九条　县级以上工会财务管理部门汇总的决算报告，应当在上级工会财务部门规定的时间内报送。各省级工会财务管理部门汇总的决算报告，应在次年的3月底前上报全国总工会财务部。省级以下工会报送、汇总决算报告的时间由各省级工会财务管理部门确定。

第二十条　县级以上工会汇总决算报告时，应抵消上下级之间、平级单位之间对应的重复项目。

第二十一条　决算批复内容包括所批复单位的工会经费收入、支出、结余及其他决算数据。批复文件中可列出所批复单位在财务管理工作以及决算审核中发现的主要问题，并提出改进意见。

第五章　决算报告的分析利用

第二十二条　各级工会组织应当加强对决算报告的分析，强化分析结果的反馈和运用，规范和改进财务管理。

第二十三条　分析报告的主要内容包括：预算与决算差异分析；收入、支出、结余年度间变动原因分析；资金使用效益分析；资产、负债规模与结构分析；机构、人员对比分析等。

第二十四条　各级工会组织应当综合运用多种方法进行分析，主要包括：分类比较法、趋势分析法、比率分析法、因素分析法等。

第二十五条　各级工会组织要加强工会决算报告工作研究并逐步建立决算报告评价指标体系。

第六章　决算报告的质量检查与资料管理

第二十六条　各级工会组织财务管理部门应采用适当方式对上报的决算报告的真实性、完整性和规范性等方面进行监督检查，可与财务监督工作相结合。

第二十七条　各级工会组织应该按照《会计档案管理办法》对决算报告资料进行归类整理、建档保存。

第七章　附　则

第二十八条　县级以上工会可依据本制度，结合工作实际，制定相应实施细则。

第二十九条　本制度自印发之日起施行。

中华全国总工会办公厅关于印发《工会财务监督暂行办法》的通知

（总工办发〔2019〕20号 2019年12月5日）

各省、自治区、直辖市总工会，各全国产业工会，中央和国家机关工会联合会，全总各部门、各直属单位：

《工会财务监督暂行办法》已经第十七届中华全国总工会党组第39次会议审议通过，现印发给你们，请认真贯彻执行。

工会财务监督暂行办法

第一章 总 则

第一条 为加强工会财务监督，维护财经纪律，强化内部控制，规范财务行为，提高资金效益，根据《中华人民共和国会计法》《中华人民共和国工会法》和《中国工会章程》《工会会计制度》等法律法规制度规定，结合工会财务工作实际，制定本办法。

第二条 本办法所称财务监督，是指各级工会财务部门根据国家有关法律法规和工会财务制度，运用一定的监督方法对本级机关和所属单位及下一级工会财务活动进行的监督检查。

第三条 根据“统一领导、分级管理”的工会财务管理体制，工会财务监督实行“统一领导、分级负责、下管一级”的工作体制。全国总工会财务管理部门统一领导全国工会系统的财务监督工作，省级以下工会财务部门负责组织和实施本级财务监督工作。

第四条 各级工会应当坚持事前、事中和事后监督相结合的原则，建立健全覆盖各类资金和财务运行全过程的工会财务监督工作机制。

第二章 监督职责和内容

第五条 全国总工会财务部负责管理和指导全国工会系统的财务监督工作，主要职责：

（一）研究制定工会财务监督制度，并对省级工会制定的财务制度进行备案管理；

（二）制定全国总工会年度财务监督工作计划；

（三）对全国总工会本级所属单位、在京中央企业工会进行财务监督；

（四）对省级工会进行财务监督；

（五）承担全国总工会本级内部控制制度建设的相关工作；

（六）开展工会财务监督理论研究；

（七）其他财务监督相关工作。

第六条 省级工会财务管理部门负责管理和指导管辖范围内各级工会的财务监督工作，主要职责：

（一）根据全国总工会有关制度，研究制定本级工会财务监督实施细则，并对下一级工会制定的财务制度进行备案管理；

（二）制定省级工会年度财务监督工作计划；

（三）对本级所属单位和下一级工会进行财务监督，并向全国总工会报告年度财务监督工作情况；

（四）承担省级工会交办的其他财务监督相关工作。

第七条　省级（不含）以下工会财务管理部门根据省级工会财务监督实施细则，组织实施本级和下一级工会财务监督。

第八条　基层工会应按照全国总工会和上级工会的要求，加强财务管理制度建设，健全完善并严格执行财务管理制度，积极支持配合上级工会财务监督。

第九条　工会财务部门可以采取购买服务的方式，聘请具有资质的中介机构和人员，实施财务监督，所需经费纳入本级预算。

第十条　财务监督的主要内容：

（一）国家财经法律法规和全总有关财务制度规定执行情况；

（二）工会经费计拨、收缴与票据使用管理情况；

（三）工会预算编制、审批与执行情况；

（四）财政拨款、上级补助资金使用管理情况；

（五）经费开支的真实性、合法性；

（六）会计基础工作情况；

（七）内部控制制度建设情况；

（八）工会会计报告编制情况；

（九）巡视、政府审计、经费审查审计、财务监督发现问题的整改情况；

（十）其他事项。

第十一条 财务部门实施财务监督，可以采取以下方法：

（一）调取、查阅、复制被监督单位的预算资料、会计凭证和账簿、财务会计报告、审计报告、开立账户、电子信息管理系统及其他相关资料；

（二）核查被监督单位的库存现金、银行存款、有价证券、实物资产、会计核算等情况；

（三）经监督工作负责人批准，向被监督单位的所属单位和个人调查、取证相关情况。

第三章 监督方式和程序

第十二条 财务监督分为日常监督和专项监督。

第十三条 日常监督采取事前、事中和事后监督相结合的方式。事前监督，重点关注单位内部控制制度建设、项目立项与预算编制审批等情况。事中监督，重点关注各项经济活动的合法合规性以及制度执行情况。事后监督，重点对资金使用绩效、会计报告质量进行监督评价。

第十四条 各级工会财务部门可以通过财务管理信息化平台，建立财务日常动态监控工作机制，及时发现问题，及时整改纠正。

第十五条 专项监督是针对特定事项、特定资金或因特殊需要对相关单位进行的财务监督。

第十六条 实施专项监督一般应事先向被监督单位送达检

查通知书，明确检查的重点内容、工作时限和具体要求。

第十七条 实施专项监督前，应组成监督工作组。工作组成员一般不少于三人。工作组成员与被监督单位负责人和项目、财务管理部门负责人有亲属关系的，应当回避。监督工作人员的回避，由监督实施部门负责人决定。

第十八条 实施专项监督时，监督工作人员应取得相关证据，编制财务监督工作底稿，完整记录监督事项，做到事实清楚、定性准确、责任明晰。

第十九条 专项监督结束前，监督工作组应形成专项监督报告，经监督实施部门同意后，征求被监督单位的意见建议。被监督单位应在收到专项监督报告之日起 10 日内，提出书面反馈意见。监督工作组应充分听取被监督单位的意见建议，形成正式报告，经监督实施部门主要领导批准后，送达被监督单位。

第二十条 被监督单位要根据专项监督报告指出的问题和提出的意见建议，制定切实可行的整改措施，在收到财务监督报告之日起 60 日内整改落实问题建议，并将整改落实情况及时反馈专项监督实施部门。专项监督实施部门可对整改落实情况进行核实。

第二十一条 专项监督实施部门应认真收集整理专项监督的各类材料、文件、数据，并按照档案管理的有关规定做好立卷归档。

第二十二条 财务监督应与财政监督、审计监督、经审监督有效衔接，充分利用有关部门专项监督、审计监督结果，避免给被监督单位增加不必要负担。

第四章　责任和处理

第二十三条　被监督单位应当配合监督工作，为监督工作提供必要的办公条件和工作保障。有以下情形的，情节较轻的，责令限期改正，或建议有关部门进行组织处理；涉嫌违纪违法的，移交纪检监察机关处理；涉嫌犯罪的，移送司法机关查处：

（一）拒绝、阻挠、拖延财务监督的；

（二）提供虚假材料的；

（三）转移、隐匿、损毁相关资料与证据的；

（四）对监督工作人员进行打击报复。

第二十四条　财务监督发现的违规违纪违法行为，根据情节轻重分别给予处理：

（一）责令立即停止违规行为并予以纠正；

（二）责令停止执行与国家和上级工会相抵触的相关规定；

（三）停止拨付与违规行为直接有关的款项，已经拨付的，责令其暂停使用并追回余款；

（四）责令追回被截留、挪用的款项；

（五）追回违规开支款项；

（六）对涉嫌违纪违法犯罪的问题线索，应移交纪检监察或司法机关查处。

第二十五条　财务监督工作人员实施监督过程中滥用职权、徇私舞弊、玩忽职守、泄露秘密的，由所在单位依规依纪给予处理；涉嫌违纪违法或犯罪的，移交纪检监察或司法机关查处。

第五章　附　则

第二十六条　省级工会应当根据本办法，结合实际工作，制定本级财务监督实施细则，并报全国总工会财务部备案。

第二十七条　本办法由全国总工会财务部负责解释。

第二十八条　本办法自印发之日起执行。

中华全国总工会办公厅关于印发《工会预算管理办法》的通知

（总工办发〔2019〕26号　2019年12月31日）

各省、自治区、直辖市总工会，中华全国铁路总工会、中国民航工会全国委员会、中国金融工会全国委员会、中央和国家机关工会联合会：

《工会预算管理办法》已经中华全国总工会党组第41次会议审议通过，现印发给你们，请认真贯彻执行。

工会预算管理办法

第一章　总　则

第一条　为了规范各级工会收支行为，强化预算约束，加强对预算的管理和监督，建立全面规范透明、标准科学、约束有力的预算制度，保障工运事业的健康发展和工会职能的有效发挥，根据《中华人民共和国工会法》《中华人民共和国预算法》等法律法规，制定本办法。

第二条 工会预算是各级工会组织及所属事业单位按照一定程序核定的年度收支计划。

第三条 预算、决算的编制、审查、批准、监督，以及预算的执行和调整，依照本办法规定执行。

第四条 工会系统实行一级工会一级预算，预算管理实行下管一级的原则。

工会预算一般分为五级，即：全国总工会、省级工会、市级工会、县级工会和基层工会。省级工会可根据乡镇（街道）工会、开发区（工业园区）工会发展的实际，确定省级以下工会的预算管理级次，并报全国总工会备案。

经全国总工会批准，中华全国铁路总工会、中国民航工会全国委员会、中国金融工会全国委员会依法独立管理经费，根据各自管理体制，确定所属下级工会的预算管理级次，并报全国总工会备案。

第五条 全国工会预算由全国总工会总预算和省级工会总预算组成。

全国总工会总预算由全国总工会本级预算和与全国总工会建立经费拨缴关系的企业工会汇总预算组成。

省级工会总预算由省（自治区、直辖市）总工会、中央和国家机关工会联合会、中华全国铁路总工会、中国民航工会全国委员会、中国金融工会全国委员会本级预算和汇总的下一级工会总预算组成。下一级工会只有本级预算的，下一级工会总预算即指下一级工会的本级预算。

本级预算是指各级工会本级次范围内所有收支预算，包括本级所属单位的单位预算和本级工会的转移支付预算。

单位预算是指本级工会机关、所属事业单位的预算。

转移支付预算是指本级工会对下级工会的补助预算。

第六条 拨缴的工会经费实行分成制。

第七条 工会预算应当遵循统筹兼顾、勤俭节约、量力而行、讲求绩效和收支平衡的原则。

第八条 各级工会的预算收入和预算支出实行收付实现制，特定事项按照相关规定实行权责发生制。

第九条 预算年度自公历 1 月 1 日起，至 12 月 31 日止。

第十条 预算收入和预算支出以人民币元为计算单位。

第二章 预算管理职权

第十一条 各级工会、各预算单位财务管理部门是预算归口管理的职能部门。

第十二条 全国总工会财务管理部门的职权：

（一）具体负责汇总编制全国工会预算；

（二）具体负责编制全国总工会本级预（决）算草案，报全总领导同志签批后，经中华全国总工会经费审查委员会审查，提交全总党组会议审议；

（三）具体负责编制全国总工会本级预算调整方案，经中华全国总工会经费审查委员会履行审查程序后，提交全总党组会议审议；

（四）批复全国总工会本级预算单位预（决）算，对省级工会的预（决）算和预算调整方案实行备案管理；

（五）提出全国总工会本级预算预备费动用方案，提交全总党组会议审议；

（六）具体负责汇总编制全国工会决算；

（七）定期向中华全国总工会经费审查委员会或其常委会报告全国总工会本级预算执行情况。

第十三条 省级工会的职权：

（一）汇总编制省级工会总预算，报全国总工会备案；

（二）编制省级工会本级预（决）算草案，经必要程序审查、审议通过后报全国总工会备案；

（三）编制省级工会本级预算调整方案，经必要程序审查、审议通过后报全国总工会备案；

（四）批复省级工会本级预算单位的预（决）算，对下一级工会的本级预（决）算和预算调整方案实行审批或备案管理；

（五）决定本级预备费的动用；

（六）汇总本级及以下各级工会决算，报全国总工会。

第十四条 市级工会的职权：

（一）汇总编制市级工会总预算，报省级工会备案；

（二）编制市级工会本级预（决）算草案，经必要程序审查、审议通过后报省级工会审批或备案；

（三）编制市级工会本级预算调整方案，经必要程序审查、审议通过后报省级工会审批或备案；

（四）审批市级工会本级预算单位的预（决）算，对县级工会的本级预（决）算和预算调整方案实行审批或备案管理；

（五）决定本级预备费的动用；

（六）汇总本级及以下各级工会决算，报省级工会。

第十五条　县级工会的职权：

（一）汇总编制县级工会总预算，报市级工会备案；

（二）编制县级工会本级预（决）算草案，经必要程序审查、审议通过后报市级工会审批或备案；

（三）编制县级工会本级预算调整方案，经必要程序审查、审议通过后报市级工会审批或备案；

（四）审批县级工会本级预算单位的预（决）算，对下一级工会的本级预（决）算和预算调整方案实行审批或备案管理；

（五）决定本级预备费的动用；

（六）汇总本级及以下各级工会决算，报市级工会。

第十六条　乡镇（街道）工会、开发区（工业园区）工会预算管理职权由省级工会确定。

第十七条　基层工会的职责：

（一）负责编制本级工会预（决）算草案和预算调整方案，经本级经费审查委员会审查后，由本级工会委员会审批，报上级工会备案；

（二）组织本级预算的执行；

（三）定期向本级工会经费审查委员会报告本级工会预算执行情况；

（四）批复本级所属预算单位的预（决）算；

（五）编制本级工会决算，报上级工会。

第三章　预算收支范围

第十八条　预算由预算收入和预算支出组成。工会及所属预算单位的全部收入和支出都应当纳入预算。

第十九条　县级以上工会预算收入包括：拨缴经费收入、上级补助收入、政府补助收入、附属单位上缴收入、投资收益、其他收入。

基层工会预算收入包括：会费收入、拨缴经费收入、上级补助收入、行政补助收入、附属单位上缴收入、投资收益、其他收入。

第二十条　工会所属事业单位预算收入包括：财政拨款收入、事业收入、上级补助收入、附属单位上缴收入、经营收入、债务收入、非同级财政拨款收入、投资收益、其他收入。

第二十一条　县级以上工会预算支出包括：职工活动组织支出、职工服务支出、维权支出、业务支出、行政支出、资本性支出、补助下级支出、对附属单位的支出、其他支出。

基层工会预算支出包括：职工活动支出、职工服务支出、维权支出、业务支出、资本性支出、对附属单位的支出、其他支出。

第二十二条　工会所属事业单位的预算支出包括：行政支出、事业支出、经营支出、上缴上级支出、对附属单位补助支出、投资支出、债务还本支出、其他支出。

第四章　预算编制与审批

第二十三条　根据国家财政预算管理要求和工会预算管理实际，全国总工会及时印发下一年度预算草案编制的通知。省、市、县级工会应根据全国总工会预算编制的有关要求，结合实际情况进行部署，编制本级预算，汇总下一级工会总预算，按规定时限报上一级工会。

第二十四条　各级工会、各预算单位应当围绕党和国家工作大局，紧扣工会中心工作，参照国务院财政部门制定的政府收支分类科目、预算支出标准和预算绩效管理的规定，根据跨年度预算平衡的原则，参考上一年预算执行情况、存量资产情况和有关支出绩效评价结果，编制预算草案。

前款所称政府收支分类科目，收入分为类、款、项、目；支出按其功能分类分为类、款、项，按其经济性质分类为类、款。

第二十五条　各级工会、各预算单位应当按照本办法规定的收支范围，依法、真实、完整、合理地编制年度收支预算。

第二十六条　根据《中华人民共和国工会法》等法律法规的规定，各级工会办公场所和工会活动设施等物质条件应由各级人民政府和单位行政提供。各级工会应积极争取同级政府或行政支持，将政府或行政补助纳入预算管理。在政府或行政补助不足的情况下，可以动用经费弥补不足，上级工会也可根据情况给予适当补助。

第二十七条　县级以上工会可根据所属事业单位分类情况，结合同级财政保障程度，对所属事业单位实行定额补助或定项补助。

第二十八条 各级工会支出预算的编制，应当贯彻勤俭节约的原则，优化经费支出结构，保障日常运行经费，从严控制“三公”经费和一般行政性支出，重点支持维护职工权益、为职工服务和工会活动等工会中心工作。

第二十九条 支出预算的编制按基本支出、项目支出进行分类。基本支出是预算单位为保障其正常运转、完成日常工作任务而编制的年度基本支出计划，按其性质分为人员经费和日常公用经费。基本支出之外为完成特定任务和事业发展目标所发生的支出为项目支出。

第三十条 县级以上工会的基本支出预算，应参照同级政府有关部门的有关规定、制度、费用标准以及核定的人员编制编列，当年未执行完毕的基本支出预算可在下年继续使用。

基层工会在单位行政不能足额保障的情况下，可根据需要从严编制基本支出预算。

第三十一条 各级工会上一年度未全部执行或未执行、下年需按原用途继续使用的项目资金，作为项目结转资金，纳入下一年度预算管理，用于结转项目的支出。

第三十二条 各级工会当年预算收入不足以安排当年预算支出的，可以动用以前年度结余资金弥补不足。各级工会一般不得对外举债，县级以上工会由于特殊原因确需向金融机构申请借款的，必须经过党组会议集体研究决定。

结转结余资金使用管理办法由全国总工会另行制定。

第三十三条 上级工会对下级工会的转移支付分为一般性

转移支付和专项转移支付。

一般性转移支付是上级工会给下级工会未指定用途的补助，应当根据全国总工会的有关规定，结合下级工会的财力状况和工作需要编制。

专项转移支付是上级工会给下级工会用于专项工作的补助，应当根据工作需要，分项目编制。

县级以上工会应当将对下级工会的转移支付预计数提前下达下级工会。各级工会应当将上级工会提前下达的转移支付预计数编入本级预算。

第三十四条　县级以上工会应根据实际情况建立本级预算项目库。

第三十五条　县级以上工会应根据基本建设类项目立项批复确定的资金渠道编制年度支出预算。

第三十六条　各级工会、各预算单位编制预算时，应根据政府采购和工会资金采购的相关规定，编制年度采购预算。

第三十七条　县级以上工会可以按照本级预算支出额的百分之一至百分之三设置预备费，用于当年预算执行中因处理突发事件、政策性增支及其他难以预见的开支。

第三十八条　县级以上工会可以设置预算稳定调节基金，用于弥补以后年度预算资金的不足。

第三十九条　省级（含）以下总工会预算必须由党组集体审议决定，同级经费审查委员会履行相应审查职责，其他审查、审议的必要程序由各级工会确定。

第四十条　上一级工会认为下一级工会预算与法律法规、

上级工会预算编制要求不符的，有权提出修订意见，下级工会应予调整。

第四十一条 各级工会本级预算经批准后，应当在二十日内批复所属预算单位。

第五章 预算执行与调整

第四十二条 各级工会预算由本级工会组织执行，具体工作由财务管理部门负责。

各级工会所属预算单位是本单位预算执行的主体，对本单位预算执行结果负责。

第四十三条 各级工会应按照年度预算积极组织收入。按照规定的比例及时、足额拨缴工会经费，不得截留、挪用。

第四十四条 预算批准前，上一年结转的项目支出和必要的基本支出可以提前使用。送温暖支出、突发事件支出和本级工会已确定年度重点工作支出等需提前使用的，必须经集体研究决定。预算批准后，按照批准的预算执行。

第四十五条 各级工会应根据年度支出预算和用款计划拨款。未经批准，不得办理超预算、超计划的拨款。

第四十六条 县级以上工会必须根据国家法律法规和全国总工会的相关规定，及时、足额拨付预算资金，加强对预算支出的管理和监督。各预算单位的支出必须按照预算执行，不得擅自扩大支出范围，提高开支标准，不得擅自改变预算资金用途，不得虚假列支。

第四十七条 当年预算执行中，县级以上工会因处理突发事件、政策性增支及其他难以预见的开支，需要增加预算支出的，可以由本级工会财务管理部门提出预备费的动用方案，报本级工会集体研究决定。

第四十八条　各级工会预算一经批准，原则上不作调整。

下列事项应当进行预算调整：

（一）需要增加或减少预算总支出的；

（二）动用预备费仍不足以安排支出的；

（三）需要调减预算安排的重点支出数额的；

（四）动用预算稳定调节基金的。

预算调整的程序按照预算编制的审批程序执行。

在预算执行中，各级工会因上级工会和同级财政增加不需要本级工会提供配套资金的补助而引起的预算收支变化，不属于预算调整。

第四十九条　各级工会、各预算单位的预算支出应当按照预算科目执行，严格控制不同预算科目、预算级次或项目间的预算资金调剂。确需调剂使用的，按照有关规定办理。

第五十条　县级以上工会在预算执行中有超收收入的，只能用于补充预算稳定调节基金。县级以上工会在预算年度中出现短收，应通过减少支出、调入预算稳定调节基金来解决。以上变化情况应在决算说明中进行反映。

第五十一条　县级以上工会和具备条件的基层工会应全面实施预算绩效管理。

第六章　决　算

第五十二条　各级工会应在每一预算年度终了后，按照全国总工会的有关规定编制本级工会收支决算草案和汇总下一级工会收支决算。

第五十三条　编制决算草案，必须符合法律法规和相关制度规定，做到收支真实、数据准确、内容完整、报送及时。

第五十四条　全国总工会和省、市、县级工会决算编制的职权按照本办法有关规定执行。

基层工会决算草案经本级经费审查委员会审查后，由本级工会委员会审批，并报上级工会备案。

第五十五条　各级工会所属预算单位的决算草案，应在规定的期限内报本级财务管理部门审核汇总。本级财务管理部门审核决算草案发现有不符合法律法规和工会规定的，有权责令其纠正。

第五十六条　各级工会应当将经批准的本级决算及下一级工会的决算汇总，在规定时间内报上一级工会备案。

第五十七条　上一级工会认为下一级工会决算与法律法规、上级工会决算编制要求不符的，有权提出修订意见，下级工会应予调整。

第五十八条　各级工会本级决算批准后，应当在十五个工作日内批复所属预算单位。

第七章 监督及法律责任

第五十九条 各级工会财务管理部门按照相关规定，对本级所属单位及下一级工会预（决）算进行财务监督。

第六十条 各级工会的预（决）算接受同级工会经费审查委员会的审查审计监督。预算执行情况同时接受上一级工会经费审查委员会的审计监督。

第六十一条 各级工会预算执行情况、决算依法接受政府审计部门的审计监督。

第六十二条 各级工会、各预算单位有下列行为之一的，责令改正，对负有直接责任的主管人员和其他直接责任人员追究行政责任。

（一）未按本办法规定编报本级预（决）算草案、预算调整方案和批复预（决）算的；

（二）虚列收入和支出的；

（三）截留、挪用、拖欠拨缴经费收入的；

（四）未经批准改变预算支出用途的。

第六十三条 各级工会、各预算单位及其工作人员存在下列行为之一的，责令改正，追回骗取、使用的资金，有违法所得的没收违法所得，对单位给予警告或者通报批评；对负有直接责任的主管人员和其他直接责任人员依法给予处分：

（一）虚报、冒领预算资金的；

（二）违反规定扩大开支范围、提高开支标准的。

第六十四条 县级以上工会预（决）算应在工会内部公开，

经单位批准可向社会公开。

基层工会预（决）算应向全体工会会员公开。

涉密事项的预（决）算不得公开。

第八章　附　则

第六十五条　本办法由全国总工会财务部负责解释。

第六十六条　省级工会应根据本办法，结合本地区本产业的实际，制定具体实施细则，并报全国总工会财务部备案。

第六十七条　本办法自 2020 年 6 月 1 日施行。2009 年 8 月 14 日颁发的《工会预算管理办法》同时废止。

中华全国总工会办公厅关于印发《基层工会预算管理办法》的通知

（总工办发〔2020〕29 号　2020 年 12 月 29 日）

各省、自治区、直辖市总工会，中华全国铁路总工会、中国民航工会、中国金融工会、中央和国家机关工会联合会：

《基层工会预算管理办法》已经中华全国总工会第十七届书记处第 36 次会议审议通过，现印发给你们，请认真贯彻执行。

基层工会预算管理办法

第一章 总 则

第一条 为规范基层工会收支行为，加强基层工会预算管理和监督，保障基层工会健康发展和职能有效发挥，不断提高基层工会经费使用效益，根据《工会预算管理办法》的有关规定，制定本办法。

第二条 基层工会是指企业、事业单位、机关和其他社会组织单独或联合建立的基层工会委员会。

第三条 基层工会预算是指经一定程序核定的年度收支计划。

第四条 基层工会应当根据统筹兼顾、勤俭节约、量力而行、讲求绩效和收支平衡的原则，统筹组织各项收入，合理安排各项支出，科学编制年度收支预算。

第五条 基层工会的预算年度自公历1月1日起至12月31日止。

第六条 基层工会的预算收入和预算支出以人民币元为计算单位。

第二章 预算收支范围

第七条 基层工会预算由预算收入和预算支出组成。基层工会的全部收入和支出都应当纳入预算。

第八条 预算收入包括：会费收入、拨缴经费收入、上级补助收入、行政补助收入、附属单位上缴收入、投资收益、其他收入。

（一）会费收入是指工会会员依照中华全国总工会规定按本人工资收入的5‰向所在基层工会缴纳的会费。

（二）拨缴经费收入是指建立工会组织的单位按全部职工工资总额2%依法向工会拨缴的经费中的留成部分。

基层工会的经费分成比例不低于单位全部职工工资总额2%中的60%。按照省级工会确定省以下各级工会经费分成比例的原则，具体比例由省级工会确定后报全国总工会备案。

（三）上级补助收入是指基层工会收到的上级工会拨付的各类补助款项。

（四）行政补助收入是指基层工会所在单位依法对工会组织给予的各项经费补助。

（五）附属单位上缴收入是指基层工会所属独立核算的企事业单位上缴的收入和所属非独立核算事业单位的各项事业收入。

（六）投资收益是指基层工会对外投资发生的损益。

（七）其他收入是指基层工会取得的资产盘盈、固定资产处置净收入、接受捐赠收入和利息收入等。

第九条 预算支出包括：职工活动支出、职工服务支出、维权支出、业务支出、资本性支出、对附属单位的支出、其他支出。

（一）职工活动支出是指基层工会开展职工教育活动、文体活动、宣传活动、劳模疗休养活动，会员活动等活动发生的支出。包括：

1. 职工教育支出。用于基层工会开展的政治、法律、科技、业务等专题培训和职工技能培训所需的教材资料、教学用品、场地租金等方面的支出，用于支付职工教育活动聘请授课人员的酬金，用于基层工会开展的职工素质提升补助和职工教育培训优秀学员的奖励。

2. 文体活动支出。用于基层工会开展或参加上级工会组织的职工业余文体活动所需器材、服装、用品等购置、租赁与维修方面的支出以及活动场地、交通工具的租金支出等，用于文体活动优胜者的奖励支出，用于文体活动中必要的伙食补助费。

3. 宣传活动支出。用于基层工会开展重点工作、重大主题和重大节日宣传活动所需的材料消耗、场地租金、购买服务等方面的支出，用于培育和践行社会主义核心价值观，弘扬劳模精神、劳动精神、工匠精神等经常性宣传活动方面的支出，用于基层工会开展或参加上级工会举办的知识竞赛、宣讲、演讲比赛、展览等宣传活动支出。

4. 劳模职工疗休养支出。用于基层工会组织和开展的劳动模范和先进职工疗休养活动的公杂费等补助。

5. 会员活动支出。用于基层工会组织会员观看电影、文艺演出、开展春游秋游，为会员购买当地公园年票等的支出。用于基层工会在重大节日（传统节日）和会员生日、婚丧嫁娶、退休离岗的慰问支出。

基层工会在重大节日（传统节日）可以向全体会员发放节日慰问品。重大节日（传统节日）是指国家规定的法定节日

（新年、春节、清明节、劳动节、端午节、中秋节和国庆节）和经自治区以上人民政府批准设立的少数民族节日。节日慰问品原则上为符合中国传统节日习惯的用品和职工群众必需的生活用品等。

6. 其他活动支出。用于工会开展的其他活动的各项支出。

（二）职工服务支出是指基层工会开展职工劳动和技能竞赛活动、职工创新活动、建家活动、职工书屋、职工互助保障、心理咨询等工作发生的支出。

1. 劳动和技能竞赛活动支出。用于基层工会开展合理化建议、技术革新、发明创造、岗位练兵、技术比武、技术培训等劳动和技能竞赛活动支出及其奖励支出。

2. 建家活动支出。用于基层工会组织建设、建家活动方面的支出。

3. 职工创新活动支出。用于基层工会开展的劳模和工匠人才创新工作、职工创新工作活动发生的支出。

4. 职工书屋活动支出。用于基层工会为建设职工书屋而发生的图书购置以及维护的支出。

5. 其他服务支出。用于基层工会开展会员和职工普惠制服务、心理咨询、互助保障等其他方面的支出。

（三）维权支出是指基层工会用于维护职工权益的支出。包括：

1. 劳动关系协调支出。用于基层工会推进创建劳动关系和谐企业活动、加强劳动争议调解和队伍建设、开展劳动合同咨询活动、集体合同示范文本印制与推广等方面的支出。

2. 劳动保护支出。用于基层工会开展群众性安全生产和职业病防治活动、加强群众安全监督检查员队伍建设、开展职工心理健康维护等以促进安全健康生产、保护职工生命安全为宗旨开展的职工劳动保护发生的支出。

3. 法律援助支出。用于基层工会向职工群众提供法律咨询、法律服务等发生的支出。

4. 困难职工帮扶支出。用于基层工会对困难职工提供资金和物质帮助等发生的支出。

5. 送温暖支出。用于基层工会开展春送岗位、夏送清凉、金秋助学和送温暖等活动发生的支出。

6. 其他维权支出。用于基层工会补助职工等其他方面的维权支出。

（四）业务支出是指基层工会培训工会干部、加强自身建设以及开展业务工作发生的各项支出。包括：

1. 培训支出。用于基层工会开展工会干部和积极分子培训发生的支出。

2. 会议支出。用于基层工会代表大会、委员会、经审会以及其他专业工作会议的各项支出。

3. 专项业务支出。用于基层工会开展基层工会组织建设所发生的支出，用于基层工会开展专题调研所发生的支出，用于基层工会开展女职工工作性支出，用于基层工会开展外事活动方面的支出。

4. 其他业务支出。用于基层工会发放由省级工会制定标准的兼职工会干部和专职社会化工会工作者补贴，用于经上级批准评选表彰的优秀工会干部和积极分子的奖励支出，用于基层工会必要的办公费、差旅费，用于基层工会支付代理记账、中介机构审计等购买服务方面的支出。

（五）资本性支出是指基层工会从事工会建设工程、设备工具购置、大型修缮和信息网络购建而发生的支出。

（六）对附属单位的支出是指基层工会对独立核算的附属企事业单位的补助。

（七）其他支出是指基层工会除上述支出以外的其他各项支出。包括：资产盘亏、固定资产处置净损失、捐赠、赞助等。

第十条 根据《中华人民共和国工会法》的有关规定，基层工会专职工作人员的工资、奖励、补贴由所在单位承担。基层工会办公和开展活动必要的设施和活动场所等物质条件由所在单位提供，所在单位保障不足且基层工会能够承担的，可以工会经费适当补充。

第三章 预算编制与审批

第十一条 基层工会应根据上级工会的要求，结合本单位实际，制定年度工会工作计划。

第十二条 基层工会应按照上级工会规定的经费开支标准，科学测算完成工作计划的资金需求，统筹落实各项收入，准确编制工会经费年度预算。

第十三条 基层工会应根据本单位实有会员全年工资收入和全国总工会确定的缴交比例，计算会费收入，编列会费收入预算。

第十四条　基层工会应根据本单位全部职工工资总额的 2% 计算拨缴工会经费总额。其中：属于基层工会分成的拨缴经费列入本单位拨缴经费收入预算；属于应上缴上级工会的拨缴经费不纳入基层工会预算管理。

第十五条　基层工会应将对外投资收益、所属独立核算的企事业单位上缴的收入、非独立核算的企事业单位的各项收入和其他收入纳入预算管理。其中：对外投资收益和所属独立核算的企事业单位上缴的收入以双方协议约定金额为预算数。

第十六条　基层工会应根据上级工会确定的专项工作，参考上年经费补助标准，编列上级工会补助收入预算。

第十七条　基层工会在会费收入、拨缴经费收入、上级工会补助收入、附属单位上缴收入、投资收益和其他收入等当年预算收入不能满足完成全年工作任务资金需求的情况下，应优先动用以前年度结余资金进行弥补。结余资金不足的，可向单位申请行政补助，编列基层工会行政补助收入预算。

第十八条　基层工会不得编制赤字预算。

第十九条　基层工会年度收支预算经必要程序审查、批准后报上一级工会备案。

第二十条　上一级工会认为基层工会预算与法律法规、上级工会预算编制要求不符的，有权提出修订意见，基层工会应予调整。

第四章　预算执行与调整

第二十一条　经批准的预算是基层工会预算执行的依据。

基层工会不得无预算、超预算列支各项支出。

第二十二条 基层工会应根据经批准的年度支出预算和年度工作任务安排，合理安排支出进度，严格预算资金使用。

基层工会各项支出实行工会委员会集体领导下的主席负责制，重大收支需集体研究决定。

第二十三条 基层工会预算一经批准，原则上不得随意调整。确因工作需要调整预算的，需详细说明调整原因、预算资金来源等，经必要程序审查、批准后报上级工会备案。

因上级工会增加不需要本工会配套资金的补助而引起的预算收支变化，不需要履行预算调整程序。

第二十四条 基层工会在预算执行过程中，对原实施方案进行调整优化，导致支出内容调整但不改变原预算总额的，不属于预算调整，不需要履行预算调整程序。

第二十五条 具备条件的基层工会应全面实施预算绩效管理。

第五章 决 算

第二十六条 年度终了基层工会应按照真实、准确、完整、及时的原则，根据上级工会的要求，编制本单位年度收支决算。基层工会所属独立核算事业单位和独立核算企业年度收支决算（或会计报告）的编制，按照《工会决算报告制度》的有关规定执行。

第二十七条 基层工会决算经必要程序审查、批准后报上一级工会备案。

第二十八条 上一级工会认为基层工会决算与法律法规、上级工会决算编制要求不符的，有权提出修订意见，下级工会应予调整。基层工会应严格执行会计档案管理的有关规定，加强预算、决算的档案管理。

第六章 监督检查

第二十九条 省级工会负责本地区、本行业工会经费收支预（决）算的监督管理，督促省以下各级工会建立健全工作机制。

第三十条 基层工会经费收支预（决）算编制和预算执行情况应接受同级工会经费审查委员会审查审计监督，同时接受上级工会和上级工会经费审查委员会的审计监督，并依法接受国家审计监督。

第三十一条 基层工会预（决）算应向全体工会会员公开。

第七章 附 则

第三十二条 省级工会可根据本办法和基层工会经费收支管理的相关规定，并结合实际制定具体实施细则。

第三十三条 本办法由中华全国总工会财务部负责解释。

第三十四条 本办法自印发之日起施行。

工会会计制度

目　录

第一章　总　则

第一条　为了规范工会会计行为，保证会计信息质量，根据《中华人民共和国会计法》（以下简称会计法）、《中华人民共和国工会法》（以下简称工会法）等法律法规，制定本制度。

第二条 本制度适用于各级工会，包括基层工会及县级以上（含县级，下同）工会。工会所属事业单位、工会所属企业及挂靠工会管理的社会团体，不适用本制度。

第三条 工会会计是核算、反映、监督工会预算执行和经济活动的专业会计。工会依法建立独立的会计核算管理体系，与工会预算管理体制相适应。

第四条 工会应当对其自身发生的经济业务或者事项进行会计处理和报告。

第五条 工会会计处理应当以工会的持续运行为前提。

第六条 工会会计处理应当划分会计期间，分期结算账目和编制会计报表。

会计期间至少分为年度和月度。会计年度、月度等会计期间的起讫日期采用公历日期。

第七条 工会会计处理应当以货币计量，以人民币作为记账本位币。

第八条 工会会计处理一般采用收付实现制，部分经济业务或者事项应当按照本制度的规定采用权责发生制。

第九条 工会会计要素包括：资产、负债、净资产、收入和支出。其平衡公式为：资产 = 负债 + 净资产。

第十条 工会会计处理应当采用借贷记账法记账。

第十一条 工会会计记录的文字应当使用中文。在民族自治地方，会计记录可以同时使用当地通用的一种民族文字。

第十二条 县级以上工会应当设置会计机构，配备专职会计人员。基层工会应当根据会计业务的需要设置会计机构或者在有关机构中设置会计人员并指定会计主管人员；不具备设置条件的，应当委托经批准设立从事代理记账业务的中介机构代理记账。

第十三条 各级工会的法定代表人应当对本级工会的会计工作以及会计资料的真实性、完整性负责。

第十四条 各级工会应当建立健全内部控制制度，并确保内部控制有效施行。县级以上工会应当组织指导和检查下级工会会计工作，负责制定有关实施细则；组织工会会计人员培训，不断提高政策、业务水平。

第十五条 工会应当重视并不断推进会计信息化的应用。工会开展会计信息化工作，应当符合财政部制定的相关会计信息化工作规范和标准，确保利用现代信息技术手段进行会计处理及生成的会计信息符合会计法和本制度的规定。

第二章 一般原则

第十六条 工会提供的会计信息应当符合工会管理工作的要求，满足会计信息使用者的需要，满足本级工会加强财务管理的需要。

第十七条 工会应当以实际发生的经济业务或者事项为依据进行会计处理，如实反映工会财务状况和收支情况等信息，保证会计信息真实可靠、内容完整。

第十八条 工会提供的会计信息应当清晰明了，便于理解和使用。

第十九条 工会会计处理应当采用规定的会计政策，前后各期一致，不得随意变更，以确保会计信息口径一致，相互可比。

第二十条 工会会计处理应当遵循重要性原则。对于重要的经济业务或者事项，应当单独反映。

第二十一条 工会应当对已经发生的经济业务或者事项及时进行会计处理和报告，不得提前或者延后。

第二十二条 工会应当对指定用途的资金按规定的用途专款专用，并单独反映。

第二十三条 工会在发生会计政策变更、会计估计变更和会计差错更正时，除本制度另有规定外，一般采用未来适用法进行会计处理。

会计政策，是指工会在会计核算时所遵循的特定原则、基础以及所采用的具体会计处理方法。会计估计，是指工会对结果不确定的经济业务或者事项以最近可利用的信息为基础所作的判断，如固定资产、无形资产的预计使用年限等。会计差错，是指工会在会计核算时，在确认、计量、记录、报告等方面出现的错误，通常包括计算或记录错误、应用会计政策错误、疏忽或曲解事实产生的错误、财务舞弊等。未来适用法，是指将变更后的会计政策应用于变更当期及以后各期发生的经济业务或者事项，或者在会计估计变更当期和未来期间确认会计估计变更的影响的方法。

第三章 资 产

第二十四条 资产是工会过去的经济业务或者事项形成的，

由工会控制的，预期能够产生服务潜力或者带来经济利益流入的经济资源。

服务潜力是指工会利用资产提供公共产品和服务以履行工会职能的潜在能力。

经济利益流入表现为现金及现金等价物的流入，或者现金及现金等价物流出的减少。

工会的资产包括流动资产、在建工程、固定资产、无形资产、投资和长期待摊费用等。

第二十五条 工会对符合本制度第二十四条规定的资产定义的经济资源，在同时满足以下条件时，应当确认为资产：

（一）与该经济资源相关的服务潜力很可能实现或者经济利益很可能流入工会；

（二）该经济资源的成本或者价值能够可靠地计量。

符合资产定义并确认的资产项目，应当列入资产负债表。

第二十六条 工会的资产按照国家有关规定依法确认为国有资产的，应当作为国有资产登记入账；依法确认为工会资产的，应当作为工会资产登记入账。

第二十七条 工会的资产在取得时应当按照实际成本计量。除国家另有规定外，工会不得自行调整其账面价值。

对于工会接受捐赠的现金资产，应当按照实际收到的金额入账。对于工会接受捐赠、无偿调入的非现金资产，其成本按照有关凭据注明的金额加上相关税费、运输费等确定；没有相关凭据、但按照规定经过资产评估的，其成本按照评估价值加上相关税费、运输费等确定；没有相关凭据、也未经过评估的，其成本比照同类或类似资产的价格加上相关税费、运输费等确定。如无法采用上述方法确定资产成本的，按照名义金额（人民币1元）入账，相关税费、运输费等计入当期支出。

工会盘盈的资产，其成本比照本条第二款确定。

第一节　流动资产

第二十八条　流动资产是指预计在一年内（含一年）变现或者耗用的资产。主要包括货币资金、应收款项和库存物品等。

第二十九条　货币资金包括库存现金、银行存款等。

货币资金应当按照实际发生额入账。工会应当设置库存现金和银行存款日记账，按照业务发生顺序逐日逐笔登记。库存现金应当做到日清月结，其账面余额应当与库存数相符；银行存款的账面余额应当与银行对账单定期核对，如有不符，应当编制银行存款余额调节表调节相符。

工会发生外币业务的，应当按照业务发生当日的即期汇率，将外币金额折算为人民币金额记账，并登记外币金额和汇率。期末，各种外币账户的期末余额，应当按照期末的即期汇率折算为人民币，作为外币账户期末人民币余额。调整后的各种外币账户人民币余额与原账面余额的差额，作为汇兑损益计入当期支出。

第三十条　应收款项包括应收上级经费、应收下级经费和其他应收款等。

应收上级经费是本级工会应收未收的上级工会应拨付（或转拨）的工会拨缴经费和补助。

应收下级经费是县级以上工会应收未收的下级工会应上缴

的工会拨缴经费。

其他应收款是工会除应收上下级经费以外的其他应收及暂付款项。

应收款项应当按照实际发生额入账。年末，工会应当分析各项应收款项的可收回性，对于确实不能收回的应收款项应报经批准认定后及时予以核销。

第三十一条 库存物品指工会取得的将在日常活动中耗用的材料、物品及达不到固定资产标准的工具、器具等。

库存物品在取得时应当按照其实际成本入账。工会购入、有偿调入的库存物品以实际支付的价款记账。工会接受捐赠、无偿调入的库存物品按照本制度第二十七条规定所确定的成本入账。

库存物品在发出（领用或出售等）时，工会应当根据实际情况在先进先出法、加权平均法、个别计价法中选择一种方法确定发出库存物品的实际成本。库存物品发出方法一经选定，不得随意变更。

工会应当定期对库存物品进行清查盘点，每年至少全面盘点一次。对于盘盈、盘亏或报废、毁损的库存物品，应当及时查明原因，报经批准认定后及时进行会计处理。

工会盘盈的库存物品应当按照确定的成本入账，报经批准后相应增加资产基金；盘亏的库存物品，应当冲减其账面余额，报经批准后相应减少资产基金。对于报废、毁损的库存物品，工会应当冲减其账面余额，报经批准后相应减少资产基金，清理中取得的变价收入扣除清理费用后的净收入（或损失）

计入当期收入（或支出），按规定应当上缴财政的计入其他应付款。

第二节　固定资产

第三十二条　固定资产是指工会使用年限超过 1 年（不含 1 年），单位价值在规定标准以上，并在使用过程中基本保持原有物质形态的资产，一般包括：房屋及构筑物；专用设备；通用设备；文物和陈列品；图书、档案；家具、用具、装具及动植物。

通用设备单位价值在 1000 元以上，专用设备单位价值在 1500 元以上的，应当确认为固定资产。单位价值虽未达到规定标准，但是使用时间超过 1 年（不含 1 年）的大批同类物资，应当按照固定资产进行核算和管理。

第三十三条　固定资产在取得时应当按照其实际成本入账。

工会购入、有偿调入的固定资产，其成本包括实际支付的买价、运输费、保险费、安装费、装卸费及相关税费等。

工会自行建造的固定资产，其成本包括该项资产至交付使用前所发生的全部必要支出。

工会接受捐赠、无偿调入的固定资产，按照本制度第二十七条规定所确定的成本入账。

工会在原有固定资产基础上进行改建、扩建、大型修缮后的固定资产，其成本按照原固定资产账面价值加上改建、扩建、大型修缮发生的支出，再扣除固定资产被替换部分的账面价值后的金额确定。

已交付使用但尚未办理竣工决算手续的固定资产，工会应当按照估计价值入账，待办理竣工决算后再按照实际成本调整原来的暂估价值。

第三十四条 在建工程是工会已经发生必要支出，但尚未交付使用的建设项目工程。工会作为建设单位的基本建设项目应当按照本制度规定统一进行会计核算。

工会对在建工程应当按照实际发生的支出确定其工程成本，并单独核算。在建工程的工程成本应当根据以下具体情况分别确定：

（一）对于自营工程，按照直接材料、直接人工、直接机械施工费等确定其成本；

（二）对于出包工程，按照应支付的工程价款等确定其成本；

（三）对于设备安装工程，按照所安装设备的价值、工程安装费用、工程试运转等所发生的支出等确定其成本。

建设项目完工交付使用时，工会应当将在建工程成本转入固定资产等进行核算。

第三十五条 工会应当对固定资产计提折旧，但文物和陈列品，动植物，图书、档案，单独计价入账的土地和以名义金额计量的固定资产除外。

工会应当根据相关规定以及固定资产的性质和使用情况，合理确定固定资产的使用年限。固定资产的使用年限一经确定，不得随意变更。

工会一般应当采用年限平均法或者工作量法计提固定资产折旧，计提折旧时不考虑预计净残值。在确定固定资产折旧方法时，应当考虑与固定资产相关的服务潜力或经济利益的预期实现方式。固定资产的折旧方法一经确定，不得随意变更。

工会应当按月对固定资产计提折旧。当月增加的固定资产，当月计提折旧；当月减少的固定资产，当月不再计提折旧。固定资产提足折旧后，无论是否继续使用，均不再计提折旧；提前报废的固定资产，也不再补提折旧。

固定资产因改建、扩建或大型修缮等原因而延长其使用年限的，工会应当按照重新确定的固定资产成本以及重新确定的折旧年限计算折旧额。

工会应当对暂估入账的固定资产计提折旧，实际成本确定后不需调整原已计提的折旧额。

第三十六条　工会处置（出售）固定资产时，应当冲减其账面价值并相应减少资产基金，处置中取得的变价收入扣除处置费用后的净收入（或损失）计入当期收入（或支出），按规定应当上缴财政的计入其他应付款。

第三十七条　工会应当定期对固定资产进行清查盘点，每年至少全面盘点一次。对于盘盈、盘亏或报废、毁损的固定资产，工会应当及时查明原因，报经批准认定后及时进行会计处理。

工会盘盈的固定资产，应当按照确定的成本入账，报经批准后相应增加资产基金；盘亏的固定资产，应当冲减其账面余额，报经批准后相应减少资产基金。对于报废、毁损的固定资产，工会应当冲减其账面余额，报经批准后相应减少资产基金，清理中取得的变价收入扣除清理费用后的净收入（或损失）

计入当期收入（或支出），按规定应当上缴财政的计入其他应付款。

第三节　无形资产

第三十八条　无形资产是指工会控制的没有实物形态的可辨认非货币性资产，包括专利权、商标权、著作权、土地使用权、非专利技术等。工会购入的不构成相关硬件不可缺少组成部分的应用软件，应当确认为无形资产。

第三十九条　无形资产在取得时应当按照其实际成本入账。

工会外购的无形资产，其成本包括购买价款、相关税费以及可归属于该项资产达到预定用途前所发生的其他支出。工会委托软件公司开发的软件，视同外购无形资产确定其成本。

工会接受捐赠、无偿调入的无形资产，按照本制度第二十七条规定所确定的成本入账。

对于非大批量购入、单价小于 1000 元的无形资产，工会可以于购买的当期将其成本直接计入支出。

第四十条　工会应当按月对无形资产进行摊销，使用年限不确定的、以名义金额计量的无形资产除外。

工会应当按照以下原则确定无形资产的摊销年限：法律规定了有效年限的，按照法律规定的有效年限作为摊销年限；法律没有规定有效年限的，按照相关合同中的受益年限作为摊销年限；上述两种方法无法确定有效年限的，应当根据无形资产为工会带来服务潜力或者经济利益的实际情况，预计其使用年限。

工会应当采用年限平均法或工作量法对无形资产进行摊销，

应摊销金额为其成本，不考虑预计净残值。

工会应当按月进行摊销。当月增加的无形资产，当月进行摊销；当月减少的无形资产，当月不再进行摊销。无形资产提足摊销后，无论是否继续使用，均不再进行摊销；核销的无形资产，也不再补提摊销。

因发生后续支出而增加无形资产成本的，对于使用年限有限的无形资产，工会应当按照重新确定的无形资产成本以及重新确定的摊销年限计算摊销额。

第四十一条 工会处置（出售）无形资产时，应当冲减其账面价值并相应减少资产基金，处置中取得的变价收入扣除处置费用后的净收入（或损失）计入当期收入（或支出），按规定应当上缴财政的计入其他应付款。

第四十二条 工会应当定期对无形资产进行清查盘点，每年至少全面盘点一次。工会在资产清查盘点过程中发现的无形资产盘盈、盘亏等，参照本制度固定资产相关规定进行处理。

第四节 其他资产

第四十三条 投资是指工会按照国家有关法律、行政法规和工会的相关规定，以货币资金、实物资产等方式向其他单位的投资。投资按其流动性分为短期投资和长期投资；按其性质分为股权投资和债权投资。

投资在取得时应当按照其实际成本入账。工会以货币资金方式对外投资的，以实际支付的款项（包括购买价款以及税金、手续费等相关税费）作为投资成本记账。工会以实物资产和无形资产方式对外投资的，以评估确认或合同、协议确定的价值记账。

对于投资期内取得的利息、利润、红利等各项投资收益，工会应当计入当期投资收益。

工会处置（出售）投资时，实际取得价款与投资账面余额的差额，应当计入当期投资收益。

对于因被投资单位破产、被撤销、注销、吊销营业执照或者被政府责令关闭等情况造成难以收回的未处置不良投资，工会应当在报经批准后及时核销。

第四十四条　长期待摊费用是工会已经支出，但应由本期和以后各期负担的分摊期限在 1 年以上（不含 1 年）的各项支出，如对以经营租赁方式租入的固定资产发生的改良支出等。

长期待摊费用应当在对应资产的受益年限内平均摊销。如果某项长期待摊费用已经不能使工会受益，应当将其摊余金额一次性转销。

第四章　负　债

第四十五条　负债是指工会过去的经济业务或者事项形成的，预期会导致经济资源流出的现时义务。

现时义务是指工会在现行条件下已承担的义务。未来发生的经济业务或者事项形成的义务不属于现时义务，不应当确认为负债。

工会的负债包括应付职工薪酬、应付款项等。

第四十六条　工会对于符合本制度第四十五条规定的现时义务，在同时满足以下条件时，应当确认为负债：

（一）履行该义务很可能导致含有服务潜力或者经济利益的经济资源流出工会；

（二）该义务的金额能够可靠计量。

符合负债定义并确认的负债项目，应当列入资产负债表。

第四十七条 应付职工薪酬是工会按照国家有关规定应付给本单位职工及为职工支付的各种薪酬，包括基本工资、国家统一规定的津贴补贴、规范津贴补贴（绩效工资）、改革性补贴、社会保险费（如职工基本养老保险费、职业年金、基本医疗保险费等）和住房公积金等。

第四十八条 应付款项包括应付上级经费、应付下级经费和其他应付款。

应付上级经费指本级工会按规定应上缴上级工会的工会拨缴经费。

应付下级经费指本级工会应付下级工会的各项补助以及应转拨下级工会的工会拨缴经费。

其他应付款指除应付上下级经费之外的其他应付及暂存款项，包括工会按规定收取的下级工会筹建单位交来的建会筹备金等。

第四十九条 工会的各项负债应当按照实际发生额入账。

第五章 净资产

第五十条 净资产是指工会的资产减去负债后的余额，包括资产基金、专用基金、工会资金结转、工会资金结余、财政拨款结转、财政拨款结余和预算稳定调节基金。

第五十一条 资产基金指工会库存物品、固定资产、在建工程、无形资产、投资和长期待摊费用等非货币性资产在净资产中占用的金额。

资产基金应当在取得库存物品、固定资产、在建工程、无形资产、投资及发生长期待摊费用时确认。资产基金应当按照实际发生额入账。

第五十二条 专用基金指县级以上工会按规定依法提取和使用的有专门用途的基金。

工会提取专用基金时，应当按照实际提取金额计入当期支出；使用专用基金时，应当按照实际支出金额冲减专用基金余额；专用基金未使用的余额，可以滚存下一年度使用。

第五十三条 工会资金结转是指工会预算安排项目的支出年终尚未执行完毕或者因故未执行，且下年需要按原用途继续使用的工会资金。

工会资金结余是指工会年度预算执行终了，预算收入实际完成数扣除预算支出和工会结转资金后剩余的工会资金。

第五十四条 财政拨款结转是指县级以上工会预算安排项目的支出年终尚未执行完毕或者因故未执行，且下年需要按原用途继续使用的财政拨款资金。

财政拨款结余是指县级以上工会年度预算执行终了，预算收入实际完成数扣除预算支出和财政拨款结转资金后剩余的财政拨款资金。

第五十五条 预算稳定调节基金是县级以上工会为平衡年度预算按规定设置的储备性资金。

第六章 收 入

第五十六条 收入是指工会根据工会法以及有关政策规定开展业务活动所取得的非偿还性资金。收入按照来源分为会费收入、拨缴经费收入、上级补助收入、政府补助收入、行政补助收入、附属单位上缴收入、投资收益和其他收入。

会费收入指工会会员依照规定向基层工会缴纳的会费。

拨缴经费收入指基层单位行政拨缴、下级工会按规定上缴及上级工会按规定转拨的工会拨缴经费中归属于本级工会的经费。

上级补助收入指本级工会收到的上级工会补助的款项，包括一般性转移支付补助和专项转移支付补助。

政府补助收入指各级人民政府按照工会法和国家有关规定给予县级以上工会的补助款项。

行政补助收入指基层工会取得的所在单位行政方面按照工会法和国家有关规定给予工会的补助款项。

附属单位上缴收入指工会所属的企事业单位按规定上缴的收入。

投资收益指工会对外投资发生的损益。

其他收入指工会除会费收入、拨缴经费收入、上级补助收入、政府补助收入、行政补助收入、附属单位上缴收入和投资收益之外的各项收入。

第五十七条 工会各项收入应当按照实际发生额入账。

第七章　支　出

第五十八条　支出是指工会为开展各项工作和活动所发生的各项资金耗费和损失。支出按照功能分为职工活动支出、职工活动组织支出、职工服务支出、维权支出、业务支出、行政支出、资本性支出、补助下级支出、对附属单位的支出和其他支出。

职工活动支出指基层工会开展职工教育活动、文体活动、宣传活动、劳模疗休养活动、会员活动等发生的支出。

职工活动组织支出指县级以上工会组织开展职工教育活动、文体活动、宣传活动和劳模疗休养活动等发生的支出。

职工服务支出指工会开展职工劳动和技能竞赛活动、职工创新活动、建家活动、职工书屋、职工互助保障、心理咨询等工作发生的支出。

维权支出指工会用于维护职工权益的支出，包括劳动关系协调、劳动保护、法律援助、困难职工帮扶、送温暖和其他维权支出。

业务支出指工会培训工会干部、加强自身建设及开展业务工作发生的各项支出。

行政支出指县级以上工会为行政管理、后勤保障等发生的各项日常支出。

资本性支出指工会从事建设工程、设备工具购置、大型修缮和信息网络购建等而发生的实际支出。

补助下级支出指县级以上工会为解决下级工会经费不足或

根据有关规定给予下级工会的各类补助款项。

对附属单位的支出指工会按规定对所属企事业单位的补助。

其他支出指工会除职工活动支出、职工活动组织支出、职工服务支出、维权支出、业务支出、行政支出、资本性支出、补助下级支出和对附属单位的支出以外的各项支出。

第五十九条 工会各项支出应当按照实际发生额入账。

第八章 财务报表

第六十条 工会财务报表是反映各级工会财务状况、业务活动和预算执行结果的书面文件。工会财务报表是各级工会领导、上级工会及其他财务报表使用者了解情况、掌握政策、指导工作的重要资料。

第六十一条 工会财务报表包括会计报表和附注。会计报表分为主表和附表，主表包括资产负债表和收入支出表，附表包括财政拨款收入支出表、国有资产情况表和成本费用表。

资产负债表，是反映工会某一会计期末全部资产、负债和净资产情况的报表。

收入支出表，是反映工会某一会计期间全部收入、支出及结转结余情况的报表。

财政拨款收入支出表，是反映县级以上工会某一会计期间从同级政府财政部门取得的财政拨款收入、支出及结转结余情况的报表。

国有资产情况表，是反映县级以上工会某一会计期间持有的国有资产情况的报表。

成本费用表，是反映县级以上工会某一会计期间成本费用情况的报表。

附注是对在资产负债表、收入支出表等报表中列示项目所作的进一步说明，以及未能在这些报表中列示项目的说明。

第六十二条 工会财务报表分为年度财务报表和中期财务报表。以短于一个完整的会计年度的期间（如半年度、季度和月度）编制的财务报表称为中期财务报表。年度财务报表是以整个会计年度为基础编制的财务报表。

第六十三条 工会要负责对所属单位财务报表和下级工会报送的年度财务报表进行审核、核批和汇总工作，定期向本级工会领导和上级工会报告本级工会预算执行情况。

第六十四条 工会财务报表要根据登记完整、核对无误的账簿记录和其他有关资料编制，做到数字准确、内容完整、报送及时。工会财务报表应当由各级工会的法定代表人和主管会计工作的负责人、会计机构负责人（会计主管人员）签名并盖章。

第九章 附 则

第六十五条 工会填制会计凭证、登记会计账簿、管理会计档案等，应当按照《会计基础工作规范》《会计档案管理办法》等规定执行。

第六十六条 本制度从 2022 年 1 月 1 日起实施。2009 年 5 月 31 日财政部印发的《工会会计制度》（财会〔2009〕7 号）同时废止。

附录 1

工会会计科目和财务报表

目 录

第一部分 总说明

一、本制度统一规定工会会计科目的名称和编号，以便于编制会计凭证，登记会计账簿，查阅账目，实行会计信息化管理。本制度已规定的一级科目，不得减并、自行增设；本制度已规定的明细科目，不得减并，不得擅自更改科目名称，不需要的科目可以不用。各省级工会可以根据需要自行增设未规定的明细科目，或将相应权限授权给所属下级工会。

二、对于本制度中规定的各支出类会计科目，除“安排预算稳定调节基金”科目外，工会应当分别按照“基本支出”和“项目支出”进行明细核算，在“项目支出”下按照具体项目进行明细核算；同时，按照《政府收支分类科目》中“部门预算支出经济分类科目”的款级科目进行明细核算。

从同级政府财政部门取得财政拨款的县级以上工会，除“安排预算稳定调节基金”科目外，还应当在其他各支出类科目下根据资金来源按照“财政拨款”“工会资金”进行明细核算；同时，在“财政拨款”明细科目下按照《政府收支分类科目》中“支出功能分类科目”的项级科目进行明细核算。

三、县级以上工会的部分资产依法确认为国有资产的，应当根据实际情况在资产类科目、“资产基金”科目下设置“国有资产”“工会资产”明细科目，分别核算工会持有的国有资产和工会资产。对于同时使用财政拨款和工会资金购建的资产，县级以上工会应当设置备查簿登记资金来源及其金额和比例。

四、工会在填制会计凭证、登记会计账簿时，应当填列会计科目的名称，或者同时填列会计科目的名称和编号，不得只填列科目编号、不填列科目名称。

五、工会应当根据本制度有关财务报表的编制基础、编制依据、编制原则和方法的要求，提供真实、完整的财务报表。工会不得违反规定，随意改变财务报表的编制基础、编制依据、编制原则和方法，不得随意改变本制度规定的财务报表有关数据的会计口径。

第二部分 会计科目名称和编号

基层工会主要会计科目名称和编号

序号	科目编号	名称
一、资产类		
1	101	库存现金
2	102	银行存款
3	131	应收上级经费
4	135	其他应收款
5	141	库存物品
6	162	固定资产
7	163	累计折旧
8	182	待处理财产损溢
二、负债类		
9	211	应付上级经费
10	215	其他应付款
三、净资产类		
11	301	资产基金
12	321	工会资金结转
13	322	工会资金结余
四、收入类		
14	401	会费收入

续　表

序号	科目编号	名称
15	402	拨缴经费收入
16	403	上级补助收入
17	405	行政补助收入
18	408	其他收入
五、支出类		
19	501	职工活动支出
20	503	职工服务支出
21	504	维权支出
22	505	业务支出
23	507	资本性支出
24	510	其他支出

注：对于本表未列出的会计科目，基层工会可以根据实际需要按照县级以上工会的会计科目进行账务处理。

县级以上工会会计科目名称和编号

序号	科目编号	名称
一、资产类		
1	101	库存现金
2	102	银行存款
3	111	零余额账户用款额度
4	121	财政应返还额度
5	131	应收上级经费
6	132	应收下级经费
7	135	其他应收款
8	141	库存物品
9	151	投资
10	161	在建工程
11	162	固定资产
12	163	累计折旧
13	171	无形资产
14	172	累计摊销
15	181	长期待摊费用
16	182	待处理财产损溢
二、负债类		
17	201	应付职工薪酬
18	211	应付上级经费

续 表

序号	科目编号	名称
19	212	应付下级经费
20	215	其他应付款
21	221	代管经费
三、净资产类		
22	301	资产基金
	30101	库存物品
	30102	投资
	30103	在建工程
	30104	固定资产
	30105	无形资产
	30106	长期待摊费用
23	311	专用基金
24	321	工会资金结转
25	322	工会资金结余
26	331	财政拨款结转
27	332	财政拨款结余
28	341	预算稳定调节基金
四、收入类		
29	402	拨缴经费收入
30	403	上级补助收入

续 表

序号	科目编号	名称
31	404	政府补助收入
32	406	附属单位上缴收入
33	407	投资收益
34	408	其他收入
35	411	动用预算稳定调节基金
五、支出类		
36	502	职工活动组织支出
37	503	职工服务支出
38	504	维权支出
39	505	业务支出
40	506	行政支出
41	507	资本性支出
42	508	补助下级支出
43	509	对附属单位的支出
44	510	其他支出
45	521	安排预算稳定调节基金

第三部分　会计科目使用说明

一、资产类科目

第 101 号科目　库存现金

一、本科目核算工会的库存现金。

二、各级工会应当严格按照国家有关现金管理的规定收支现金，并按照本制度规定核算现金的各项收支业务。

工会有受托代管资金业务的，应当在本科目下设置“代管经费”明细科目，核算工会受托代管的现金。

三、库存现金的主要账务处理如下：

（一）从银行等金融机构提取现金，按照实际提取的金额，借记本科目，贷记“银行存款”科目；将现金存入银行等金融机构，按照实际存入的金额，借记“银行存款”科目，贷记本科目。

（二）因支付内部职工出差等原因所需的现金，按照实际借出的金额，借记“其他应收款”科目，贷记本科目；收到出差人员交回的差旅费剩余款并结算时，按照实际收回的现金，借记本科目，按照应报销的金额，借记“行政支出”等有关科目，按照实际借出的现金，贷记“其他应收款”科目。

（三）因其他业务收到现金，按照实际收到的金额，借记本科目，贷记有关科目；支出现金，按照实际支出的金额，借记有关科目，贷记本科目。

（四）收到受托代管的现金时，按照实际收到的金额，借记本科目（代管经费），贷记“代管经费”科目；支付受托代管的现金时，按照实际支付的金额，借记“代管经费”科目，贷记本科目（代管经费）。

四、本科目应设置“现金日记账”，由出纳人员根据收付款凭证，按照业务发生顺序，逐笔登记，每日终了，应计算当日的现金收入合计数、支出合计数和结余数，并将结余数与实际库存数进行核对，做到账款相符。

每日账款核对中发现有待查明原因的现金短缺或溢余的，应当通过“待处理财产损溢”科目核算。属于现金短缺的，应当按照实际短缺的金额，借记“待处理财产损溢”科目，贷记本科目；属于现金溢余的，应当按照实际溢余的金额，借记本科目，贷记“待处理财产损溢”科目。待查明原因后及时进行账务处理，具体内容参见“待处理财产损溢”科目。

五、有外币现金的工会，按照折算后的人民币金额记账，并设立辅助账登记外币现金的币种、外币金额、即期汇率、折算后的人民币金额及来源简要说明等。有关外币现金业务的账务处理参见“银行存款”科目的相关规定。

六、本科目期末借方余额，反映工会实际持有的库存现金。

第 102 号科目　银行存款

一、本科目核算工会存入银行或其他金融机构的各种款项。包括活期存款、定期存款等。

二、工会应当严格按照国家有关支付结算办法的规定办理银行存款收支业务的结算，并按照本制度规定核算银行存款的各项收支业务。

工会可以根据实际情况在本科目下设置经费集中户等明细科目。设置经费集中户的工会，应当先在经费集中户中归集工会拨缴经费，再按规定将属于本级工会的经费转入本级工会基本户，属于上级或下级工会的经费上缴上级工会或转拨下级工会。

工会有受托代管资金业务的，应当在本科目下设置“代管经费”明细科目，核算工会受托代管的银行存款。

三、银行存款的主要账务处理如下：

（一）将现金存入银行等金融机构，按照实际存入的金额，借记本科目，贷记“库存现金”科目。从银行等金融机构提取现金，按照实际提取的金额，借记“库存现金”科目，贷记本科目。

（二）通过银行转账方式取得工会拨缴经费和其他相关收入，按照实际收到的金额，借记本科目，按照应确认收入的金额，贷记“拨缴经费收入”“上级补助收入”“政府补助收入”“行政补助收入”等科目，按照应付上下级工会的金额，贷记“应付上级经费”“应付下级经费”科目。

（三）通过银行转账方式支付各项支出，按照实际支出的金额，借记“职工活动支出”“维权支出”“业务支出”等科目，贷记本科目。

（四）收到银行存款利息，按照实际收到的金额，借记本科目，贷记“其他收入”科目。

（五）收到受托代管的银行存款时，按照实际收到的金额，借记本科目（代管经费），贷记“代管经费”科目；支付受托代管的银行存款时，按照实际支付的金额，借记“代管经费”科目，贷记本科目（代管经费）。

四、工会发生外币业务的，主要账务处理如下：

（一）以外币购买物资、设备等，按照购入当日的即期汇率将支付的外币折算为人民币金额，借记“职工活动支出”“维权支出”等科目，贷记本科目的外币账户；同时，借记“库存物品”等科目，贷记“资产基金”科目。

（二）以外币收取相关款项等，按照收入确认当日的即期汇率将收取的外币折算为人民币金额，借记本科目的外币账户，贷记有关收入科目。

（三）期末，根据各外币银行存款账户按照期末汇率调整后的人民币余额与原账面人民币余额的差额，作为汇兑损益，借记或贷记本科目，贷记或借记“其他支出”科目。

五、各级工会应当按照开户银行、存款种类分别设置“银行存款日记账”，由出纳人员根据收付款凭证，按照业务的发生顺序逐笔登记，每日终了应结出余额。“银行存款日记账”应当定期与银行对账，至少每月核对一次，如有差额，应当编制“银行存款余额调节表”，调节相符。

六、本科目期末借方余额，反映工会实际存在银行或其他金融机构的款项。

第 111 号科目　零余额账户用款额度

一、本科目核算实行国库集中支付的县级以上工会根据财政部门批复的用款计划收到和支用的零余额账户用款额度。

二、零余额账户用款额度的主要账务处理如下：

（一）收到代理银行转来的“授权支付到账通知书”时，根据通知书所列金额，借记本科目，贷记“政府补助收入”科目。

（二）实际发生支出时，按照实际支出的金额，借记“维权支出”“行政支出”“资本性支出”等科目，贷记本科目。

（三）年末，根据代理银行提供的对账单作注销额度的相关账务处理，借记“财政应返还额度——财政授权支付”科目，贷记本科目。如果工会本年度财政授权支付预算指标数大于零余额账户用款额度下达数，根据未下达的用款额度，借记“财政应返还额度——财政授权支付”科目，贷记“政府补助收入”科目。

下年初，根据代理银行提供的额度恢复到账通知书作相关恢复额度的账务处理，借记本科目，贷记“财政应返还额度——财政授权支付”科目。工会收到财政部门批复的上年末下达零余额账户用款额度，借记本科目，贷记“财政应返还额度——财政授权支付”科目。

三、本科目期末借方余额，反映县级以上工会尚未支用的零余额账户用款额度。年度终了注销零余额账户用款额度后，本科目应无余额。

第 121 号科目　财政应返还额度

一、本科目核算实行国库集中支付的县级以上工会年终应收财政返还的资金额度。

二、本科目应当设置“12101 财政直接支付”“12102 财政授权支付”两个明细科目，进行明细核算。

三、财政应返还额度的主要账务处理如下：

（一）财政直接支付。

年末，根据本年度财政直接支付预算指标数大于当年财政直接支付实际支出数的差额，借记本科目（财政直接支付），贷记“政府补助收入”科目。

工会使用以前年度财政直接支付额度支付款项时，借记“维权支出”“行政支出”“资本性支出”等科目的相关明细科目，贷记本科目（财政直接支付）。

（二）财政授权支付。

年末，根据代理银行提供的对账单注销额度，具体账务处理参见“零余额账户用款额度”科目。下年初，根据代理银行提供的额度恢复到账通知书恢复额度，具体账务处理参见“零余额账户用款额度”科目。

四、本科目期末借方余额，反映县级以上工会应收财政返还的资金额度。

第 131 号科目　应收上级经费

一、本科目核算工会应收未收的上级工会应拨付（或转拨）的工会拨缴经费和补助。

二、工会可以根据需要在本科目下设置以下明细科目：

13101　应收上级补助：核算上级工会应拨付给本级工会的

各项补助收入。

13102 应收上级转拨经费：核算上级工会采用税务代收、财政划拨形式收缴的工会经费中应划转给本级工会的部分。

三、应收上级经费的主要账务处理如下：

（一）年末，根据上级工会补助通知中的相关金额，借记本科目（应收上级补助），贷记“上级补助收入”科目。

收到上级工会拨来的补助时，按照实际收到的金额，借记“银行存款”科目，贷记本科目（应收上级补助）。

（二）年末，根据上级工会经费转拨通知中的相关金额，借记本科目（应收上级转拨经费），按规定属于本级工会的部分，贷记“拨缴经费收入”科目，按规定应转拨下级工会的部分，贷记“应付下级经费——应付下级转拨经费”科目。

收到上级工会转拨的工会经费时，按照实际收到的金额，借记“银行存款”科目，贷记本科目（应收上级转拨经费）。

四、本科目期末借方余额，反映工会应收未收的上级拨缴经费和补助。

第 132 号科目　应收下级经费

一、本科目核算县级以上工会应收未收的下级工会应上缴的工会拨缴经费。

二、应收下级经费的主要账务处理如下：

（一）年末，根据下级工会经费收缴报告表中的相关金额，借记本科目，按规定属于本级工会的部分，贷记“拨缴经费收入”科目，按规定应上缴上级工会的部分，贷记“应付上级经费”科目。

（二）收到下级工会的上缴经费时，借记“银行存款”科目，贷记本科目。

三、本科目期末借方余额，反映县级以上工会应收未收的下级工会应上缴的工会拨缴经费。

第135号科目　其他应收款

一、本科目核算工会除应收上下级经费以外的其他应收及暂付款项。

二、本科目应当按照其他应收款的类别以及债务单位（或个人）设置明细账，进行明细核算。

三、其他应收款的主要账务处理如下：

（一）发生其他应收及暂付款项，借记本科目，贷记“库存现金”“银行存款”等科目。

结算收回或核销转列支出时，按照收回的金额，借记“库存现金”“银行存款”等科目，按照列入支出的金额，借记有关支出科目，按照结算总额，贷记本科目。

（二）逾期三年以上、因债务人原因尚未收回的其他应收款，报经批准认定确实无法收回的应予以核销。

转入待处理资产时，按照待核销的其他应收款金额，借记“待处理财产损溢”科目，贷记本科目。

报经批准予以核销时，借记“其他支出”科目，贷记“待处理财产损溢”科目。

核销的呆账，应在备查簿中保留登记。

已核销呆账重新收回的，按照实际收到的款项，借记“银行存款”等科目，贷记“其他收入”科目。

四、各级工会应对其他应收及暂付款项严格控制，健全手续，及时清理，不得长期挂账。

五、本科目期末借方余额，反映工会尚未收回的其他应收及暂付款项。

第 141 号科目　库存物品

一、本科目核算工会取得的将在日常活动中耗用的材料、物品及达不到固定资产标准的工具、器具等。

工会随买随用的物品，可以在购入时直接计入支出，不通过本科目核算。

二、本科目应当按照库存物品的类别、品名设置明细账，并根据出入库单逐笔核算。

三、库存物品的主要账务处理如下：

（一）取得库存物品时。

1. 购入物品验收入库，按照确定的成本，借记本科目，贷记“资产基金——库存物品”科目；同时，按照实际支付的金额，借记“职工活动支出”“维权支出”“行政支出”等科目，贷记“银行存款”“零余额账户用款额度”“政府补助收入”等科目。

2. 接受捐赠、无偿调入的库存物品，按照确定的成本，借记本科目，贷记“资产基金——库存物品”科目；同时，按照实际支付的相关税费、运输费等金额，借记“其他支出”科目，贷记“银行存款”“零余额账户用款额度”“政府补助收入”等科目。

（二）发出库存物品时。

1. 开展业务活动等领用、发出库存物品时，按照领用、发出库存物品的实际成本，借记“资产基金——库存物品”科目，贷记本科目。

2. 经批准对外出售库存物品时，按照出售库存物品的实际成本，借记“资产基金——库存物品”科目，贷记本科目。按照出售过程中取得的价款，借记“银行存款”等科目，贷记“其他收入”科目，按规定应上缴同级财政的，贷记“其他应付款”科目。出售过程中工会发生的税费等支出，借记“其他支出”科目，贷记“银行存款”等科目。

3. 经批准对外捐赠、无偿调出库存物品时，按照对外捐赠、无偿调出库存物品的实际成本，借记“资产基金——库存物品”科目，贷记本科目。对外捐赠、无偿调出库存物品发生的由工会承担的运输费等支出，借记“职工活动支出”“维权支出”“行政支出”等科目，贷记“银行存款”“零余额账户用款额度”等科目。

4. 经批准以库存物品对外进行股权投资时，按照投出库存物品的实际成本，借记“资产基金——库存物品”科目，贷记本科目；同时，按照确定的投资成本，借记“投资”科目，贷记“资产基金——投资”科目。按照发生的相关税费，借记“其他支出”科目，贷记“银行存款”等科目。

四、库存物品每年至少盘点一次，盘盈、盘亏或报废、毁损应查明原因，按规定程序批准后及时处理。

（一）盘盈的库存物品，按照确定的成本，借记本科目，贷记“待处理财产损溢”科目。

（二）盘亏或者报废、毁损的库存物品，按照账面余额，借记“待处理财产损溢”科目，贷记本科目。

五、本科目期末借方余额，反映工会尚未使用的库存物品的实际成本。

第151号科目　投　资

一、本科目核算工会按照国家有关法律、行政法规和工会的相关规定，以货币资金、实物资产等方式向其他单位的投资。

二、本科目应当按照投资类别、投资单位等设置明细账，进行明细核算。

三、投资的主要账务处理如下：

（一）债券投资。

1. 购入国债等债券，按照确定的成本，借记本科目，贷记“资产基金——投资”科目；同时，按照投资成本金额，借记“工会资金结余——累计结余”科目，贷记“银行存款”等科目。

2. 债券投资持有期间收到利息时，按照实际收到的金额，借记“银行存款”等科目，贷记“投资收益”科目。

3. 对外转让或到期收回债券投资本息，按照收回投资的账面余额，借记“资产基金——投资”科目，贷记本科目；同时，按照实际收到的金额，借记“银行存款”科目，按照收回投资的账面余额，贷记“工会资金结余——累计结余”科目，按照其差额，贷记或借记“投资收益”科目。

（二）股权投资。

1. 以货币资金对外进行股权投资，按照确定的成本，借记本科目，贷记“资产基金——投资”科目；同时，按照投资成本金额，借记“工会资金结余——累计结余”科目，贷记“银行存款”等科目。

以库存物品、固定资产、无形资产对外进行股权投资，按照确定的成本，借记本科目，贷记“资产基金——投资”科目；按照发生的相关税费，借记“其他支出”科目，贷记“银行存款”等科目；同时，按照投出资产的账面价值，借记“资产基金”科目，按照已经计提的折旧、摊销金额，借记“累计折旧”“累计摊销”科目，按照投出资产的账面余额，贷记“库存物品”“固定资产”“无形资产”科目。

2. 投资持有期间实际收到股利等投资收益时，按照实际收到的金额，借记“银行存款”等科目，贷记“投资收益”科目。

3. 转让股权投资时，按照转让股权投资的账面余额，借记“资产基金——投资”科目，贷记本科目。按照实际取得的价款，借记“银行存款”等科目，按照投资的账面余额，贷记“工会资金结余——累计结余”科目，按照其差额，贷记或借记“投资收益”科目。

4. 因被投资单位破产清算等原因，有确凿证据表明股权投资发生损失，按规定报经批准后予以核销。按照待核销的股权投资账面余额，借记“待处理财产损溢”科目，贷记本科目。

报经批准予以核销时，按照已核销的股权投资账面余额，借记“资产基金——投资”科目，贷记“待处理财产损溢”科目。

已经核销的投资呆账，保留备查账簿。

已经核销的投资呆账，重新收回的，借记“银行存款”等科目，贷记“其他收入”科目。收回实物的，需重新进行评估，按照评估价值入账。

四、本科目期末借方余额，反映工会持有投资的金额。

第 161 号科目　在建工程

一、本科目核算工会在建的建设项目工程的实际成本。工会在建的信息系统项目工程，也通过本科目核算。

二、本科目应当设置“建筑安装工程投资”“设备投资”“待摊投资”“其他投资”“待核销基建支出”“基建转出投资”“预付工程款”等明细科目，并按照具体项目进行明细核算。

（一）“建筑安装工程投资”明细科目，核算工会发生的构成建设项目实际支出的建筑工程和安装工程的实际成本，不包括被安装设备本身的价值以及按照合同规定支付给施工单位的预付备料款和预付工程款。本明细科目应当设置“建筑工程”和“安装工程”两个明细科目进行明细核算。

（二）“设备投资”明细科目，核算工会发生的构成建设项目实际支出的各种设备的实际成本。

（三）“待摊投资”明细科目，核算工会发生的构成建设项目实际支出的、按照规定应当分摊计入有关工程成本和设备成本的各项间接费用和税费支出。本明细科目应当按照具体费用项目进行明细核算。

（四）“其他投资”明细科目，核算工会发生的构成建设项目实际支出的房屋购置支出，基本畜禽、林木等购置、饲养、培育支出，办公生活用家具、器具购置支出，软件研发和不能计入设备投资的软件购置等支出。工会为进行可行性研究而购置的固定资产，以及取得土地使用权支付的土地出让金，也通过本明细科目核算。本明细科目应当设置“房屋购置”“基本畜禽支出”“林木支出”“办公生活用家具、器具购置”“可行性研究固定资产购置”“无形资产”等明细科目。

（五）“待核销基建支出”明细科目，核算建设项目发生的江河清障、航道清淤、飞播造林、补助群众造林、水土保持、城市绿化、取消项目的可行性研究费以及项目整体报废等不能形成资产部分的基建投资支出。本明细科目应当按照待核销基建支出的类别进行明细核算。

（六）“基建转出投资”明细科目，核算为建设项目配套而建成的、产权不归属本工会的专用设施的实际成本。本明细科目应当按照转出投资的类别进行明细核算。

（七）“预付工程款”明细科目，核算工会预付给施工企业或代建单位的工程款。本明细科目应当按照收取预付款的单位进行明细核算。

三、在建工程的主要账务处理如下：

（一）建筑安装工程投资。

1. 将固定资产转入改建、扩建等时，按照固定资产的账面价值，借记本科目（建筑安装工程投资），贷记“资产基金——在建工程”科目；同时，按照固定资产的账面价值，借记“资产基金——固定资产”科目，按照已计提的折旧金额，借记“累计折旧”科目，按照固定资产的账面余额，贷记“固定资产”科目。

固定资产改建、扩建过程中涉及到替换（或拆除）原资产的某些组成部分的，按照被替换（或拆除）部分的账面价值，借记“待处理财产损溢”科目，贷记本科目（建筑安装工程投资）。

2. 对于发包建筑安装工程，预付工程款时，根据实际支付的金额，借记本科目（预付工程款），贷记“资产基金——在建工程”科目；同时，借记“资本性支出”科目，贷记“银行存款”“零余额账户用款额度”“政府补助收入”等科目。根据建筑安装工程价款结算账单与施工企业结算工程价款时，按照应承付的工程价款，借记本科目（建筑安装工程投资），贷记本科目（预付工程款）。涉及补付价款的，按照补付的金额，借记本科目（建筑安装工程投资），贷记“资产基金——在建工程”科目；同时，借记“资本性支出”科目，贷记“银行存款”“零余额账户用款额度”“政府补助收入”等科目。

3. 对于自行施工的小型建筑安装工程，按照发生的各项支出金额，借记本科目（建筑安装工程投资），贷记“资产基金——在建工程”科目；同时，借记“资本性支出”科目，贷记“银行存款”“零余额账户用款额度”“政府补助收入”“应付职工薪酬”等科目。

4. 工程竣工，办妥竣工验收交接手续并交付使用时，按照建筑安装工程成本（含应分摊的待摊投资），借记“资产基金——在建工程”科目，贷记本科目（建筑安装工程投资）；同时，借记“固定资产”等科目，贷记“资产基金——固定资产”等科目。

（二）设备投资。

1. 购入设备时，按照购入成本，借记本科目（设备投资），贷记“资产基金——在建工程”科目；同时，借记“资本性支出”科目，贷记“银行存款”“零余额账户用款额度”“政府补助收入”等科目。采用预付款方式购入设备的，有关预付款的账务处理参照本科目有关“建筑安装工程投资”明细科目的规定。

2. 设备安装完毕，办妥竣工验收交接手续并交付使用时，按照设备投资成本（含设备安装工程成本和分摊的待摊投资），借记“资产基金——在建工程”科目，贷记本科目（设备投资、建筑安装工程投资——安装工程）；同时，借记“固定资产”科目，贷记“资产基金——固定资产”科目。

将不需要安装的设备和达不到固定资产标准的工具、器具交付使用时，按照相关设备、工具、器具的实际成本，借记“资产基金——在建工程”科目，贷记本科目（设备投资）；同时，借记“固定资产”“库存物品”科目，贷记“资产基金——固定资产”“资产基金——库存物品”科目。

（三）待摊投资。

建设工程发生的构成建设项目实际支出的，按照规定应当分摊计入有关工程成本和设备成本的各项间接费用和税费支出，先在本明细科目中归集；建设工程办妥竣工验收手续并交付使用时，按照合理的分配方法，摊入相关工程成本、在安装设备成本等。

1. 工会发生的构成待摊投资的各类费用，按照实际发生金额，借记本科目（待摊投资），贷记“资产基金——在建工程”科目；同时，借记“资本性支出”“资产基金”科目，贷记“银行存款”“零余额账户用款额度”“政府补助收入”“累计折旧”“累计摊销”等科目。

2. 对于建设过程中试生产、设备调试等产生的收入，按照依据有关规定应当冲减建设工程成本的部分，借记“资产基金——在建工程”科目，贷记本科目（待摊投资）；同时，按照取得的收入金额，借记“银行存款”等科目，按照依据有关规定应当冲减建设工程成本的部分，贷记“资本性支出”科目，按照其差额，贷记“其他应付款”或“其他收入”科目。

3. 由于自然灾害、管理不善等原因造成的单项工程或单位工程报废或毁损，扣除残料价值和过失人或保险公司等赔款后的净损失，报经批准后计入继续施工的工程成本的，按照工程成本扣除残料价值和过失人或保险公司等赔款后的净损失，借记本科目（待摊投资），按照报废或毁损的工程成本，贷记本科目（建筑安装工程投资），按照其差额，借记“资产基金——在建工程”科目；同时，按照残料变价收入、过失人或保险公司赔款等，借记“银行存款”“其他应收款”等科目，贷记“资本性支出”科目。

4. 工程交付使用时，按照合理的分配方法分配待摊投资，借记本科目（建筑安装工程投资、设备投资），贷记本科目（待摊投资）。待摊投资中有按规定应当分摊计入待核销基建支出和转出投资价值的，应当借记本科目（待核销基建支出、基建转出投资），贷记本科目（待摊投资）。

待摊投资的分配方法，可按照下列公式计算：

（1）按照实际分配率分配。适用于建设工期较短、整个项目的所有单项工程一次竣工的建设项目。

实际分配率 = 待摊投资明细科目余额 ÷（建筑工程明细科目余额 + 安装工程明细科目余额 + 设备投资明细科目余额）×100%

（2）按照概算分配率分配。适用于建设工期长、单项工程分期分批建成投入使用的建设项目。

概算分配率 =（概算中各待摊投资项目的合计数－其中可直接分配部分）÷（概算中建筑工程、安装工程和设备投资合计）×100%

（3）某项固定资产应分配的待摊投资 = 该项固定资产的建筑工程成本或该项固定资产（设备）的采购成本和安装成本合计 × 分配率

（四）其他投资。

1. 工会为建设工程发生的房屋购置支出，基本畜禽、林木等的购置、饲养、培育支出，办公生活用家具、器具购置支出，软件研发和不能计入设备投资的软件购置等支出，按照实际发生金额，借记本科目（其他投资），贷记“资产基金——在建工程”科目；同时，借记“资本性支出”科目，贷记“银行存款”“零余额账户用款额度”“政府补助收入”等科目。

2. 工程完成将形成的房屋、基本畜禽、林木等各种财产以及无形资产交付使用时，按照其实际成本，借记“资产基金——在建工程”科目，贷记本科目（其他投资）；同时，借记“固定资产”“无形资产”等科目，贷记“资产基金——固定资产”“资产基金——无形资产”等科目。

（五）待核销基建支出。

1. 建设项目发生的江河清障、航道清淤、飞播造林、补助群众造林、水土保持、城市绿化等不能形成资产的各类待核销基建支出，按照实际发生金额，借记本科目（待核销基建支出），贷记“资产基金——在建工程”科目；同时，借记“资本性支出”科目，贷记“银行存款”“零余额账户用款额度”“政府补助收入”等科目。

2. 取消的建设项目发生的可行性研究费，按照实际发生金额，借记本科目（待核销基建支出），贷记本科目（待摊投资）。

3. 由于自然灾害等原因发生的建设项目整体报废所形成的净损失，报经批准后转入待核销基建支出，按照项目整体报废所形成的净损失，借记本科目（待核销基建支出），按照报废的工程成本，贷记本科目（建筑安装工程投资等），按照其差额，借记“资产基金——在建工程”科目；同时，按照报废工程回收的残料变价收入、保险公司赔款等，借记“银行存款”“其他应收款”等科目，贷记“资本性支出”科目。

4. 建设项目竣工验收并交付使用时，对发生的待核销基建支出进行冲销，借记“资产基金——在建工程”科目，贷记本科目（待核销基建支出）。

（六）基建转出投资。

为建设项目配套而建成的、产权不归属本工会的专用设施，在项目竣工验收并交付使用时，按照转出的专用设施的成本，借记本科目（基建转出投资），贷记本科目（建筑安装工程投资）；同时，借记“资产基金——在建工程”科目，贷记本科目（基建转出投资）。

（七）代建制项目的会计处理。

1. 拨付代建单位工程款时，按照拨付的款项金额，借记本科目（预付工程款），贷记“资产基金——在建工程”科目；同时，借记“资本性支出”科目，贷记“银行存款”“零余额账户用款额度”“政府补助收入”等科目。

2. 按照工程进度结算工程款或年终代建单位对账确认在建工程成本时，按照确定的金额，借记本科目下的“建筑安装工程投资”等明细科目，贷记本科目（预付工程款）。

3. 确认代建管理费时，按照确定的金额，借记本科目（待摊投资），贷记本科目（预付工程款）。

4. 项目完工交付使用资产时，按照代建单位转来在建工程成本中尚未确认入账的金额，借记本科目“建筑安装工程投资”等明细科目，贷记本科目（预付工程款）。按照在建工程成本，借记“资产基金——在建工程”科目，贷记本科目（建筑安装工程投资）；同时，借记“固定资产”等科目，贷记“资产基金——固定资产”等科目。

工程结算、确认代建费或竣工决算时涉及补付资金的，应当在确认在建工程和资产基金的同时，按照补付的金额，借记“资本性支出”科目，贷记“银行存款”“零余额账户用款额度”“政府补助收入”等科目。

四、本科目的期末借方余额，反映工会尚未完工的各项在建工程发生的实际成本。

第 162 号科目　固定资产

一、本科目核算工会各项固定资产的原值。

二、工会应当设置固定资产明细账，按照类别和项目进行明细核算。

三、固定资产核算时，应当考虑以下情况：

（一）购入需要安装的固定资产，应当先通过“在建工程”科目核算，安装完毕交付使用时再转入本科目核算。

（二）单位行政方面提供工会使用的、工会以经营租赁方式取得的固定资产，不通过本科目核算，应当设置备查簿进行登记。

四、固定资产的主要账务处理如下：

（一）固定资产在取得时，应当分以下情况进行处理：

1. 购入、有偿调入固定资产，按照确定的成本，借记本科目［不需安装］或“在建工程”科目［需安装］，贷记“资产基金——固定资产”［不需安装］或“资产基金——在建工程”［需安装］科目；同时，按照实际支付的金额，借记“资本性支出”科目，贷记“银行存款”“零余额账户用款额度”“政府补助收入”等科目。

购入固定资产扣留质量保证金的，在取得固定资产时，按照确定的固定资产成本，借记本科目［不需安装］或“在建工程”科目［需安装］，贷记“资产基金——固定资产”［不需安装］或“资产基金——在建工程”［需安装］科目。同时取得固定资产全款发票的，按照构成资产成本的全部支出金额，借记“资本性支出”科目，按照实际支付的金额，贷记“银行存款”“零余额账户用款额度”“政府补助收入”等科目，按照扣留的质量保证金金额，贷记“其他应付款”科目；取得的发票金额不包括质量保证金的，按照不包括质量保证金的支出金额，借记“资本性支出”科目，贷记“银行存款”“零余额账户用款额度”“政府补助收入”等科目。

实际支付质量保证金时，借记“其他应付款”科目或“资本性支出”科目，贷记“银行存款”“零余额账户用款额度”“政府补助收入”等科目。

2. 自行建造固定资产，工程完工交付使用时，按照自行建造过程中发生的实际支出，借记本科目，贷记“资产基金——固定资产”科目；同时，借记“资产基金——在建工程”科目，贷记“在建工程”科目。

已交付使用但尚未办理竣工决算手续的固定资产，按照估计价值入账，待办理竣工决算后再按照实际成本调整原来的暂估价值。按照实际成本与暂估价值的差额，借记或贷记本科目，贷记或借记“资产基金——固定资产”科目。

3. 接受捐赠、无偿调入的固定资产，按照确定的成本，借记本科目［不需安装］或“在建工程”科目［需安装］，贷记

“资产基金——固定资产”［不需安装］或“资产基金——在建工程”［需安装］科目；按照发生的相关税费、运输费等，借记“其他支出”科目，贷记“银行存款”“零余额账户用款额度”等科目。

4. 在原有固定资产基础上进行改建、扩建、大型修缮的固定资产，将固定资产转入改建、扩建、大型修缮时，按照固定资产的账面价值，借记“资产基金——固定资产”科目，按照固定资产已计提折旧金额，借记“累计折旧”科目，按照固定资产的账面余额，贷记本科目；同时，按照固定资产的账面价值，借记“在建工程”科目，贷记“资产基金——在建工程”科目。工程完工交付使用时，按照确定的固定资产成本，借记本科目，贷记“资产基金——固定资产”科目；同时，借记“资产基金——在建工程”科目，贷记“在建工程”科目。

（二）按月计提固定资产折旧时，按照应计提的金额，借记“资产基金——固定资产”科目，贷记“累计折旧”科目。

（三）与固定资产有关的后续支出，应当分以下情况进行处理：

1. 为增加固定资产使用效能或延长其使用寿命而发生的改建、扩建或大型修缮等后续支出，应当计入固定资产成本，通过“在建工程”科目核算，完工交付使用时转入本科目。有关账务处理参见“在建工程”科目。

2. 为维护固定资产正常使用而发生的日常修理等后续支出，应当计入当期支出但不计入固定资产成本，借记“行政支出”等科目，贷记“银行存款”“零余额账户用款额度”等科目。

（四）按规定报经批准处置固定资产，应当分以下情况进行处理：

1. 以固定资产对外进行股权投资，按照投出固定资产的账面价值，借记“资产基金——固定资产”科目，按照已计提折旧，借记“累计折旧”科目，按照固定资产的账面余额，贷记本科目。同时，按照确定的投资成本，借记“投资”科目，贷记“资产基金——投资”科目。

2. 出售固定资产，按照出售固定资产的账面价值，借记“资产基金——固定资产”科目，按照已计提折旧，借记“累计折旧”科目，按照固定资产的账面余额，贷记本科目。按照出售过程中取得的价款，借记“银行存款”等科目，贷记“其他收入”科目，按规定应上缴同级财政的，贷记“其他应付款”科目。出售过程中工会发生的税费等支出，借记“其他支出”科目，贷记“银行存款”等科目。

3. 对外捐赠、无偿调出固定资产，按照固定资产的账面价值，借记“资产基金——固定资产”科目，按照已计提折旧，借记“累计折旧”科目，按照固定资产的账面余额，贷记本科目。发生的由工会承担的运输费、装卸费等，按照实际支付的金额，借记“其他支出”科目，贷记“银行存款”等科目。

五、固定资产应当每年至少盘点一次，对盘盈、盘亏、毁损或报废的，应当查明原因，写出书面报告，按规定报经批准认定后及时进行账务处理，同时将有关情况在会计报表附注中予以披露。

（一）盘盈的固定资产，按照确定的入账成本，借记本科目，贷记“待处理财产损溢”科目。

（二）盘亏或者毁损、报废的固定资产，按照账面价值，借记“待处理财产损溢”科目，按照已计提折旧，借记“累计折旧”科目，按照固定资产的账面余额，贷记本科目。

六、本科目期末借方余额，反映工会固定资产的原值。

第163号科目　累计折旧

一、本科目核算工会计提的固定资产累计折旧。

二、本科目应当按照所对应固定资产的类别、项目进行明细核算。

三、固定资产累计折旧的主要账务处理如下：

（一）按月计提固定资产折旧时，按照应计提折旧金额，借记“资产基金——固定资产”科目，贷记本科目。

（二）经批准处置固定资产时，按照所处置固定资产的账面价值，借记“资产基金——固定资产”[对外捐赠、无偿调出等]或“待处理财产损溢”[盘亏、毁损、报废等]科目，按照固定资产已计提折旧，借记本科目，按照固定资产的账面余额，贷记“固定资产”科目。

四、本科目期末贷方余额，反映工会计提的固定资产折旧累计数。

第171号科目　无形资产

一、本科目核算工会各项无形资产的原值。

二、工会应当设置无形资产明细账，按照类别、项目等进行明细核算。

三、无形资产的主要账务处理如下：

（一）无形资产在取得时，应当分以下情况进行处理：

1. 外购的无形资产，按照确定的成本，借记本科目，贷记“资产基金——无形资产”科目；同时，按照实际支付的金额，借记“资本性支出”科目，贷记“银行存款”“零余额账户用款额度”“政府补助收入”等科目。

2. 委托软件公司开发软件视同外购无形资产进行处理。支付软件开发费时，按照实际支付的金额，借记“资本性支出”科目，贷记“银行存款”“零余额账户用款额度”“政府补助收入”等科目。软件开发完成交付使用时，按照确定的成本，借记本科目，贷记“资产基金——无形资产”科目。

3. 接受捐赠、无偿调入的无形资产，按照确定的成本，借记本科目，贷记“资产基金——无形资产”科目；按照发生的相关税费等，借记“其他支出”科目，贷记“银行存款”“零余额账户用款额度”等科目。

（二）按月摊销无形资产时，按照应摊销的金额，借记“资产基金——无形资产”科目，贷记“累计摊销”科目。

（三）按规定报经批准处置无形资产时，应当分以下情况进行处理：

1. 以无形资产对外进行股权投资，按照投出无形资产的账面价值，借记“资产基金——无形资产”科目，按照已计提摊销，借记“累计摊销”科目，按照无形资产的账面余额，贷记本科目；同时，按照确定的投资成本，借记“投资”科目，贷记“资产基金——投资”科目。

2. 出售无形资产，按照出售无形资产的账面价值，借记“资产基金——无形资产”科目，按照已计提摊销，借记“累计摊销”科目，按照无形资产的账面余额，贷记本科目。按照取得的价款金额，借记“银行存款”等科目，贷记“其他收入”科目，按规定应上缴同级财政的，贷记“其他应付款”科目。出售过程中发生的税费等支出，借记“其他支出”科目，贷记“银行存款”等科目。

3. 对外捐赠、无偿调出无形资产，按照无形资产的账面价值，借记“资产基金——无形资产”科目，按照已计提摊销，借记“累计摊销”科目，按照无形资产的账面余额，贷记本科目。

4. 无形资产预期不能为工会带来服务潜力或经济利益，应当按规定报经批准后将该无形资产的账面价值予以核销。转入待处理资产时，按照待核销无形资产的账面价值，借记“待处理财产损溢”科目，按照已计提摊销，借记“累计摊销”科目，按照无形资产的账面余额，贷记本科目。报经批准予以核销时，按照核销无形资产的账面价值，借记“资产基金——无形资产”科目，贷记“待处理财产损溢”科目。

四、无形资产应当每年至少盘点一次，对盘盈、盘亏的无形资产，参照“固定资产”科目相关规定进行账务处理。

五、本科目期末借方余额，反映工会无形资产的原值。

第 172 号科目　累计摊销

一、本科目核算工会对使用年限有限的无形资产计提的累计摊销。

二、本科目应当按照所对应无形资产的类别、项目进行明细核算。

三、无形资产累计摊销的主要账务处理如下：

（一）按月对无形资产进行摊销时，按照应摊销的金额，借记“资产基金——无形资产”科目，贷记本科目。

（二）经批准处置无形资产时，按照所处置无形资产的账面价值，借记“资产基金——无形资产”［对外捐赠、无偿调出等］或“待处理财产损溢”［盘亏、待核销等］科目，按照已计提摊销，借记本科目，按照无形资产的账面余额，贷记“无形资产”科目。

四、本科目期末贷方余额，反映工会计提的无形资产摊销累计数。

第 181 号科目　长期待摊费用

一、本科目核算工会已经支出，但应由本期和以后各期负担的分摊期限在 1 年以上（不含 1 年）的各项支出。如对以经营租赁方式租入的固定资产的改良支出等。

二、本科目应当按照对应资产的类别进行明细核算。

三、长期待摊费用的主要账务处理如下：

（一）发生长期待摊费用时，按照支出金额，借记本科目，贷记“资产基金——长期待摊费用”科目；同时，按照实际支付的金额，借记“资本性支出”科目，贷记“银行存款”“零余额账户用款额度”“政府补助收入”等科目。

（二）在受益期间摊销长期待摊费用时，按照摊销金额，借记“资产基金——长期待摊费用”科目，贷记本科目。

（三）如果某项长期待摊费用已经不能使工会受益，应当将其摊余金额一次性转销。按照剩余待摊销金额，借记“资产基金——长期待摊费用”科目，贷记本科目。

四、本科目期末借方余额，反映工会尚未摊销完毕的长期待摊费用。

第 182 号科目　待处理财产损溢

一、本科目核算工会待处理财产的价值及财产处理损溢。

工会财产的处理包括资产的盘盈、盘亏、报废、毁损以及非实物资产损失核销等。

二、本科目应当按照待处理的资产项目进行明细核算；对于在资产处理过程中取得收入或发生相关费用的项目，还应当设置“待处理财产价值”“处理净收入”明细科目，进行明细核算。

三、工会财产的处理，一般应当先记入本科目，按照规定报经批准后及时进行账务处理。年末结账前一般应处理完毕。

四、待处理财产损溢的主要账务处理如下：

（一）账款核对时发现短缺或溢余的库存现金。

1. 每日账款核对中发现现金短缺或溢余，属于现金短缺的，按照实际短缺的金额，借记本科目，贷记“库存现金”科目；属于现金溢余的，按照实际溢余的金额，借记“库存现金”科目，贷记本科目。

2. 如为现金短缺，属于应由责任人等赔偿的，借记“其他应收款”科目，贷记本科目；属于无法查明原因的，报经批准核销时，借记“其他支出”科目，贷记本科目。

3. 如为现金溢余，属于应支付给有关人员或单位的，借记本科目，贷记“其他应付款”科目；属于无法查明原因的，报经批准后，借记本科目，贷记“其他收入”科目。

（二）按规定报经批准予以核销的其他应收款、股权投资、无形资产。

1. 转入待处理资产时，按照资产的账面价值，借记本科目［核销无形资产的，还应按照计提的摊销金额，借记“累计摊销”科目］，按照资产的账面余额，贷记“其他应收款”“投资”“无形资产”科目。

2. 报经批准予以核销时，借记“其他支出”科目［其他应收款核销］或“资产基金——投资”“资产基金——无形资产”科目［投资、无形资产核销］，贷记本科目。

（三）资产清查过程中发现的盘盈、盘亏或报废、毁损的库存物品、固定资产、无形资产等各种资产。

1. 盘盈的各类资产。

（1）转入待处理资产时，按照确定的成本，借记“库存物品”“固定资产”“无形资产”等科目，贷记本科目（待处理财产价值）。

（2）按照规定报经批准后处理时，借记本科目（待处理财产价值），贷记“资产基金”科目。

2. 盘亏或者毁损、报废的各类资产。

（1）转入待处理资产时，借记本科目（待处理财产价值）[盘亏、毁损、报废固定资产、无形资产的，还应借记“累计折旧”“累计摊销”科目]，贷记“库存物品”“在建工程”“固定资产”“无形资产”等科目。

报经批准处理时，借记“资产基金”科目，贷记本科目（待处理财产价值）。

（2）处理毁损、报废实物资产过程中取得的残值或残值变价收入、保险理赔和过失人赔偿等，借记“库存现金”“银行存款”“其他应收款”等科目，贷记本科目（处理净收入）；处理毁损、报废实物资产过程中发生的相关费用，借记本科目（处理净收入），贷记“库存现金”“银行存款”等科目。

处理收支结清，如果处理收入大于相关费用的，按照处理收入减去相关费用后的净收入，借记本科目（处理净收入），贷记“其他收入”科目，需按规定上缴同级政府财政的，贷记“其他应付款”科目；如果处理收入小于相关费用的，按照相关费用减去处理收入后的净支出，借记“其他支出”科目，贷记本科目（处理净收入）。

五、本科目期末如为借方余额，反映工会尚未处理完毕的各种资产的净损失；期末如为贷方余额，反映尚未处理完毕的各种资产净溢余。年末，经批准处理后，本科目一般应无余额。

二、负债类科目

第 201 号科目　应付职工薪酬

一、本科目核算县级以上工会按照有关规定应付给本单位职工及为职工支付的各种薪酬，包括基本工资、国家统一规定的津贴补贴、规范津贴补贴（绩效工资）、改革性补贴、社会保险费（如职工基本养老保险费、职业年金、基本医疗保险费等）和住房公积金等。

二、本科目应当根据国家有关规定按照“基本工资”（含离休费及退休人员统筹外养老保险待遇）、“国家统一规定的津贴补贴”、“规范津贴补贴（绩效工资）”“改革性补贴”“社会保险费”“住房公积金”“其他个人收入”等进行明细核算。其中，“社会保险费”“住房公积金”明细科目核算内容包括工会从职工工资中代扣代缴的社会保险费、住房公积金，以及工会为职工计算缴纳的社会保险费、住房公积金。

三、应付职工薪酬的主要账务处理如下：

（一）计算确认当期应付职工薪酬（含工会为职工计算缴纳的社会保险费、住房公积金）时，借记“行政支出”科目，贷记本科目。

（二）向职工支付工资、津贴补贴等薪酬时，按照实际支付的金额，借记本科目，贷记“银行存款”等科目。

（三）按照税法规定代扣职工个人所得税时，借记本科目，贷记“其他应付款”科目。

从应付职工薪酬中代扣为职工垫付的水电费、房租等费用时，按照实际扣除的金额，借记本科目（基本工资），贷记“其他应收款”等科目。

从应付职工薪酬中代扣社会保险费和住房公积金，按照代扣的金额，借记本科目（基本工资），贷记本科目（社会保险费、住房公积金）。

（四）按照国家有关规定缴纳职工社会保险费和住房公积金时，按照实际支付的金额，借记本科目（社会保险费、住房公积金），贷记“银行存款”等科目。

（五）从应付职工薪酬中支付的其他款项，借记本科目，贷记“银行存款”等科目。

四、本科目期末贷方余额，反映县级以上工会应付未付的职工薪酬。

第211号科目　应付上级经费

一、本科目核算工会按规定应上缴的工会拨缴经费。

二、应付上级经费的主要账务处理如下：

（一）本级工会确认工会拨缴经费时，按照下级工会经费收缴报告表中的相关金额或实际收到的总金额，借记“应收下级经费”“银行存款”等科目，按规定属于本级工会的部分，贷记“拨缴经费收入”科目，按规定应上缴上级工会的部分，贷记本科目，按规定应转拨下级工会的部分，贷记“应付下级经费——应付下级转拨经费”科目。

（二）实际上缴工会经费时，借记本科目，贷记“银行存款”科目。

三、本科目期末贷方余额，反映工会应缴上级但尚未上缴的工会拨缴经费。

第 212 号科目　应付下级经费

一、本科目核算县级以上工会应付下级工会的各项补助和应转拨下级工会的工会拨缴经费。

二、工会可以根据需要在本科目下设置以下明细科目：

21201　应付下级补助：核算县级以上工会应拨付给下级工会的一般性转移支付补助和专项转移支付补助。

21202　应付下级转拨经费：核算县级以上工会采用税务代收、财政划拨的形式收缴的应划转给下级工会作为下级工会拨缴经费收入的工会拨缴经费。

三、应付下级经费的主要账务处理如下：

（一）本级工会年末清算对下级工会的补助时，根据补助通知中的相关金额，借记“补助下级支出”科目，贷记本科目（应付下级补助）。

次年，实际拨付补助时，借记本科目（应付下级补助），贷记“银行存款”科目。

（二）采用税务代收、财政划拨方式收缴工会经费的：

1. 本级工会通过税务部门代收、财政部门划拨的工会经费，按照实际收到的总金额，借记“银行存款”科目，按规定属于本级工会的部分，贷记“拨缴经费收入”科目，按规定应上缴上级工会的部分，贷记“应付上级经费”科目，按规定应转拨下级工会的部分，贷记本科目（应付下级转拨经费）。

实际转拨下级工会经费时，借记本科目，贷记“银行存款”科目。

2. 本级工会确认上级工会通过税务部门代收、财政部门划拨的工会经费，按照上级工会经费转拨通知中的金额或实际收到的总金额，借记“应收上级经费——应收上级转拨经费”“银行存款”科目，按规定属于本级工会的部分，贷记“拨缴经费收入”科目，按规定应转拨下级工会的部分，贷记本科目（应付下级转拨经费）。

实际转拨下级工会经费时，借记本科目，贷记“银行存款”科目。

四、本科目期末贷方余额，反映县级以上工会应拨付下级但尚未拨付的补助和工会拨缴经费。

第 215 号科目　其他应付款

一、本科目核算工会除应付上下级经费之外的其他应付及暂存款项，包括工会按规定收取的下级工会的建会筹备金、应支付的税金等。

二、本科目应按对方单位或个人设置明细账，进行明细核算。

三、其他应付款的主要账务处理如下：

（一）本级工会收到筹建单位交来的建会筹备金，按照实际收到的总金额，借记“银行存款”科目，贷记本科目。

在筹建单位建立工会后，本级工会按照规定对建会筹备金进行处理。按照对应的金额，借记本科目，按规定属于本级工会的部分，贷记“拨缴经费收入”科目，按规定应上缴上级工会的部分，贷记“应付上级经费”科目，按规定需返还筹建单位工会的部分，贷记“应付下级经费”科目。

（二）发生房产税等纳税义务，以及按照税法规定应代扣代缴个人所得税的，按照应交税费金额，借记“行政支出”“应付职工薪酬”等科目，贷记本科目。工会实际缴纳上述各种税费时，借记本科目，贷记“银行存款”等科目。

（三）发生其他应付及暂存款项，借记“库存现金”“银行存款”等科目，贷记本科目。支付款项时，借记本科目，贷记“库存现金”“银行存款”等科目。

四、本科目期末贷方余额，反映工会尚未支付的其他应付及暂存款项。

第 221 号科目　代管经费

一、本科目核算其他组织委托工会代管的有指定用途的、不属于工会收入的资金，如代管的社团活动费、职工互助保险等。

二、本科目应当按照拨入代管经费的项目或单位设置明细账。

三、代管经费的主要账务处理如下：

（一）收到代管的资金时，按照实际收到的金额，借记“库存现金”“银行存款”科目，贷记本科目。

（二）实际支出时，按照实际支出的金额，借记本科目，贷记“库存现金”“银行存款”科目。

四、本科目期末贷方余额，反映工会受托代管的资金。

三、净资产类科目

第 301 号科目　资产基金

一、本科目核算工会库存物品、投资、在建工程、固定资产、无形资产、长期待摊费用等非货币性资产在净资产中占用的金额。

二、本科目应当设置“库存物品”“投资”“在建工程”“固定资产”“无形资产”“长期待摊费用”等明细科目，进行明细核算。

三、资产基金的主要账务处理如下：

（一）确认资产基金时，按照确定的成本或金额，借记“库存物品”“投资”“在建工程”“固定资产”“无形资产”“长期待摊费用”科目，贷记本科目；同时，按照实际发生的支出，借记“职工活动支出”“行政支出”“资本性支出”“工会资金结余”等科目，贷记“银行存款”“零余额账户用款额度”等科目。

（二）领用和发出库存物品时，按照领用和发出库存物品的成本，借记本科目（库存物品），贷记“库存物品”科目。

（三）在建工程完工交付使用时，按照确定的固定资产成本，借记“固定资产”科目，贷记本科目（固定资产）；同时，借记本科目（在建工程），贷记“在建工程”科目。

（四）计提固定资产折旧、无形资产摊销及分摊长期待摊费用时，按照计提的折旧、摊销及分摊的长期待摊费用的金额，借记本科目（固定资产、无形资产、长期待摊费用），贷记“累计折旧”“累计摊销”“长期待摊费用”科目。

（五）以库存物品、固定资产、无形资产对外进行股权投资时，按照确定的投资成本，借记“投资”科目，贷记本科目（投资）；同时，按照投出资产的账面价值，借记本科目（库存物品、固定资产、无形资产），按照已计提的折旧、摊销金额，借记“累计折旧”“累计摊销”科目，按照投出资产的账面余额，贷记“库存物品”“固定资产”“无形资产”科目。

收回投资时，按照收回投资的账面余额，借记本科目（投资），贷记“投资”科目；同时，按照实际取得的价款，借记“银行存款”等科目，按照收回投资的账面余额，贷记“工会资金结余”科目，按照其差额，贷记或借记“投资收益”科目。

（六）对外捐赠、无偿调出库存物品、固定资产、无形资产时，按照资产的账面价值，借记本科目（库存物品、固定资产、无形资产），按照已计提的折旧、摊销金额，借记“累计折旧”“累计摊销”科目，按照资产的账面余额，贷记“库存物品”“固定资产”“无形资产”科目。

（七）通过“待处理财产损溢”科目核算的资产处置，有关本科目的账务处理参见“待处理财产损溢”科目。

四、本科目期末贷方余额，反映工会非货币性资产在净资产中占用的金额。

第 311 号科目　专用基金

一、本科目核算县级以上工会根据国家和全国总工会有关规定，依法提取和使用的有专门用途的基金，包括权益保障金、住房改革支出等。

二、专用基金的主要账务处理如下：

（一）提取专用基金时，借记“维权支出”“其他支出”等科目，贷记本科目。

（二）实际使用专用基金时，借记本科目，贷记“库存现金”“银行存款”等科目。

三、本科目期末贷方余额，反映县级以上工会专用基金的数额。

第 321 号科目　工会资金结转

一、本科目核算工会资金结转资金的调整、结转和滚存情况。

二、本科目应当设置以下明细科目：

32101　年初余额调整：核算工会因发生会计差错更正、以前年度支出收回等原因，需要调整工会资金结转的金额。

32102　单位内部调剂：核算工会经批准对工会结余资金改变用途，调整用于工会其他未完成项目等的金额。

32103　本年收支结转：核算工会本期专项工会资金收支相抵后的余额。

32104　累计结转：核算工会滚存的工会资金专项资金结转金额。

三、工会资金结转的主要账务处理如下：

（一）因发生会计差错更正、以前年度支出收回的，按照调整或收回的属于工会资金结转的金额，借记或贷记“银行存款”

等科目，贷记或借记本科目（年初余额调整）。

（二）经批准对工会资金结余资金改变用途，调整用于工会其他未完成项目的，按照批准的金额，借记“工会资金结余——单位内部调剂”科目，贷记本科目（单位内部调剂）。

（三）期末，将各类财政拨款以外的工会经费专项资金的收入、支出本期发生额转入本科目，借记“拨缴经费收入”“上级补助收入”“政府补助收入——非同级财政拨款收入”“行政补助收入”“附属单位上缴收入”“投资收益”“其他收入”科目下各专项资金收入明细科目，贷记本科目（本年收支结转）；借记本科目（本年收支结转），贷记“职工活动支出”“职工活动组织支出”“职工服务支出”“维权支出”“业务支出”“行政支出”“资本性支出”“补助下级支出”“对附属单位的支出”“其他支出”的“工会资金”明细科目下各专项资金支出明细科目。

（四）年末，冲销有关明细科目余额。将本科目（本年收支结转、年初余额调整、单位内部调剂）余额转入本科目（累计结转）。结转后，本科目除“累计结转”明细科目外，其他明细科目应无余额。

（五）年末，对工会结转资金各项目执行情况进行分析，按照有关规定将符合结余资金性质的剩余资金转入“工会资金结余”科目。借记本科目（累计结转），贷记“工会资金结余——结转转入”科目。

四、本科目期末贷方余额，反映工会滚存的工会资金结转资金数额。

第 322 号科目　工会资金结余

一、本科目核算工会资金结余资金的调整、结余和滚存情况。

二、本科目应当设置以下明细科目：

32201 年初余额调整：核算工会因发生会计差错更正、以前年度支出收回等原因，需要调整工会资金结余的金额。

32202 单位内部调剂：核算工会经批准对工会结余资金改变用途，调整用于工会其他未完成项目等的金额。

32203 本年收支结转：核算工会本期各非专项工会资金收支相抵后的余额。

32204 结转转入：核算工会按规定转入工会资金结余的工会结转资金。

32205 累计结余：核算工会滚存的工会结余资金。

三、工会资金结余的主要账务处理如下：

（一）因发生会计差错更正、以前年度支出收回的，按照调整或收回的属于工会资金结余的金额，借记或贷记“银行存款”等科目，贷记或借记本科目（年初余额调整）。

（二）经批准对工会结余资金改变用途，调整用于工会其他未完成项目的，按照批准的金额，借记本科目（单位内部调剂），贷记“工会资金结转——单位内部调剂”科目。

（三）以货币资金对外投资时，按照投资成本金额，借记本科目（累计结余），贷记“银行存款”等科目；同时，按照确定的投资成本，借记“投资”科目，贷记“资产基金——投资”科目。

转让或收回投资时，按照实际取得的价款，借记“银行存款”等科目，按照转让或收回投资的账面余额，贷记本科目（累计结余），按照其差额，贷记或借记“投资收益”科目；同时，按照转让或收回投资的账面余额，借记“资产基金——投资”科目，贷记“投资”科目。

（四）期末，将除财政拨款以外的各工会经费非专项资金的收入、支出本期发生额转入本科目，借记“会费收入”“拨缴经费收入”“上级补助收入”“政府补助收入——非同级财政拨款收入”“行政补助收入”“附属单位上缴收入”“投资收益”“其他收入”科目下各非专项资金收入明细科目和“动用预算稳定调节基金”科目，贷记本科目（本年收支结转）；借记本科目（本年收支结转），贷记“职工活动支出”“职工活动组织支出”“职工服务支出”“维权支出”“业务支出”“行政支出”“资本性支出”“补助下级支出”“对附属单位的支出”“其他支出”的“工会资金”明细科目下各非专项资金支出明细科目和“安排预算稳定调节基金”科目。

（五）年末，对工会结转资金各明细项目执行情况进行分析，按照有关规定将符合结余资金性质的项目余额转入本科目，借记“工会资金结转——累计结转”科目，贷记本科目（结转转入）。

（六）年末，冲销有关明细科目余额。将本科目（本年收支结转、年初余额调整、单位内部调剂、结转转入）余额转入本科目（累计结余）。结转后，本科目除“累计结余”明细科目外，其他明细科目应无余额。

四、本科目期末贷方余额，反映工会滚存的工会资金结余资金数额。

第 331 号科目　财政拨款结转

一、本科目核算从同级政府财政部门取得财政拨款的县级以上工会财政拨款结转资金的调整、结转和滚存情况。

二、本科目应当设置以下明细科目：

33101　年初余额调整：核算工会因发生会计差错更正、以前年度支出收回等原因，需要调整财政拨款结转的金额。

33102　单位内部调剂：核算工会经财政部门批准对财政拨款结余资金改变用途，调整用于工会其他未完成项目等的金额。

33103　本年收支结转：核算工会本期财政拨款收支相抵后的余额。

33104　累计结转：核算工会滚存的财政拨款结转资金。

本科目还应按照“基本支出结转”和“项目支出结转”进行明细核算，在“基本支出结转”明细科目下按照“人员经费”和“公用经费”进行明细核算，在“项目支出结转”明细科目下按照具体项目进行明细核算；同时，按照《政府收支分类科目》中“支出功能分类科目”的项级科目进行明细核算。

三、财政拨款结转的主要账务处理如下：

（一）因发生会计差错更正、以前年度支出收回的，按照调整或收回的金额，借记或贷记“零余额账户用款额度”“财政应返还额度”等科目，贷记或借记本科目（年初余额调整）。

（二）经财政部门批准对财政拨款结余资金改变用途，调整用于工会其他未完成项目的，按照批准的金额，借记“财政拨款结余——单位内部调剂”科目，贷记本科目（单位内部调剂）。

（三）期末，将财政拨款收入、支出的本期发生额转入本科目，借记“政府补助收入——财政拨款收入”科目，贷记本科目（本年收支结转）；借记本科目（本年收支结转），贷记“职工活动组织支出”“职工服务支出”“维权支出”“业务支出”“行政支出”“资本性支出”“补助下级支出”“对附属单位的支出”和“其他支出”科目的“财政拨款”明细科目。

（四）年末，冲销有关明细科目余额。将本科目（本年收支结转、年初余额调整、单位内部调剂）余额转入本科目（累计结转）。结转后，本科目除“累计结转”明细科目外，其他明细科目应无余额。

（五）年末，对各项目执行情况进行分析，按照有关规定将符合结余资金性质的金额转入“财政拨款结余”科目。借记本科目（累计结转），贷记“财政拨款结余——结转转入”科目。

四、本科目期末贷方余额，反映县级以上工会滚存的财政拨款结转资金数额。

第 332 号科目　财政拨款结余

一、本科目核算从同级政府财政部门取得财政拨款的县级以上工会财政拨款项目支出结余资金的调整、结转和滚存情况。

二、本科目应当设置以下明细科目：

33201 年初余额调整：核算工会因发生会计差错更正、以前年度支出收回等原因，需要调整财政拨款结余的金额。

33202 归集上缴：核算工会按规定上缴财政拨款结余资金时，实际核销的额度数额或上缴的资金数额。

33203 单位内部调剂：核算工会经财政部门批准对财政拨款结余资金改变用途，调整用于工会其他未完成项目等的金额。

33204 结转转入：核算工会按规定转入财政拨款结余的财政拨款结转资金。

33205 累计结余：核算工会滚存的财政拨款结余资金。

本科目还应当按照具体项目、《政府收支分类科目》中“支出功能分类科目”的项级科目进行明细核算。

三、结余资金的主要账务处理如下：

（一）因发生会计差错更正、以前年度支出收回的，按照调整或收回的金额，借记或贷记“零余额账户用款额度”“财政应返还额度”等科目，贷记或借记本科目（年初余额调整）。

（二）按规定上缴财政拨款结余资金或注销财政拨款结余资金额度的，按照实际上缴资金数额或注销资金额度，借记本科目（归集上缴），贷记“零余额账户用款额度”“财政应返还额度”等科目。

（三）经财政部门批准对财政拨款结余资金改变用途，调整用于工会其他未完成项目的，按照批准的金额，借记本科目（单位内部调剂），贷记“财政拨款结转——单位内部调剂”科目。

（四）年末，对财政拨款结转各项目执行情况进行分析，按照有关规定将符合结余资金性质的金额转入本科目。借记“财政拨款结转——累计结转”科目，贷记本科目（结转转入）。

（五）年末，冲销有关明细科目余额。将本科目（年初余额调整、归集上缴、单位内部调剂、结转转入）余额转入本科目（累计结余）。结转后，本科目除“累计结余”明细科目外，其他明细科目应无余额。

四、本科目期末贷方余额，反映县级以上工会滚存的财政拨款结余资金数额。

第 341 号科目 预算稳定调节基金

一、本科目核算县级以上工会按照工会预算管理规定设置的预算稳定调节基金的滚存情况。

二、预算稳定调节基金的主要账务处理如下：

（一）按规定使用超收的拨缴经费收入设置和补充预算稳定调节基金时，按照计提的金额，借记“安排预算稳定调节基金”科目，贷记本科目。

（二）按规定动用预算稳定调节基金用于弥补本年预算收入的不足时，按照动用的金额，借记本科目，贷记“动用预算稳定调节基金”科目。

三、本科目期末贷方余额，反映县级以上工会预算稳定调节基金的滚存金额。

四、收入类科目

第 401 号科目　会费收入

一、本科目核算基层工会会员依照规定向工会组织缴纳的会费。

二、会费收入的主要账务处理如下：

（一）取得会费时，按照实际收到的金额，借记“库存现金”“银行存款”科目，贷记本科目。

（二）期末结转时，将本科目本年发生额转入工会资金结余，借记本科目，贷记“工会资金结余——本年收支结转”科目。

三、本科目期末结转后无余额。

第 402 号科目　拨缴经费收入

一、本科目核算基层单位行政拨缴、下级工会按规定上缴及上级工会按规定转拨的工会拨缴经费中归属于本级工会的经费。

二、工会可以根据需要在本科目下设置明细科目，进行明细核算。拨缴经费收入中如有专项资金收入，还应当按照具体项目进行明细核算。

三、拨缴经费收入的主要账务处理如下：

（一）采用自主拨缴方式收缴工会经费的：

收到工会经费，按照实际收到的总金额，借记“银行存款”科目，按规定属于本级工会的部分，贷记本科目，按规定应上缴上级工会的部分，贷记“应付上级经费”科目。

年末，存在应收未收的拨缴经费收入的，按照下级工会经费收缴报告表中的金额，借记“应收下级经费”科目，按规定属于本级工会的部分，贷记本科目，按规定应上缴上级工会的部分，贷记“应付上级经费”科目。

（二）采用税务代收、财政划拨方式收取工会经费的：

1. 本级工会通过税务部门代收、财政部门划拨的工会经费，按实际收到的总金额，借记“银行存款”科目，按规定属于本级工会的部分，贷记本科目，按规定应上缴上级工会的部分，贷记“应付上级经费”科目，按规定应转拨下级工会的部分，贷记“应付下级经费——应付下级转拨经费”科目。

2. 本级工会收到上级工会转拨的通过税务部门代收、财政部门划拨的工会经费，按照实际收到的总金额，借记“银行存款”科目，按规定属于本级工会的部分，贷记本科目，按规定属于下级工会的部分，贷记“应付下级经费——应付下级转拨经费”科目。

年末，存在应收未收的拨缴经费收入的，按照上级工会经费转拨通知中的金额，借记“应收上级经费——应收上级转拨经费”科目，按规定属于本级工会的部分，贷记本科目，按规定属于下级工会的部分，贷记“应付下级经费——应付下级转拨经费”科目。

（三）期末结转时，将本科目本期发生额中的专项资金收入转入工会资金结转，借记本科目各专项资金收入明细科目，贷记“工会资金结转——本年收支结转”科目；将本科目本期发生额中的非专项资金收入转入工会资金结余，借记本科目各非专项资金收入明细科目，贷记“工会资金结余——本年收支结转”科目。

四、本科目期末结转后无余额。

第 403 号科目　上级补助收入

一、本科目核算本级工会收到的上级工会补助的款项。

二、本科目应当设置以下明细科目：

40301　一般性转移支付补助：核算上级工会按照有关规定拨付给下级工会的未指定专门用途的补助。

40302　专项转移支付补助：核算上级工会拨付的指定专门用途的项目补助，包括帮扶困难职工的补助、用于开展向困难职工和家庭送温暖活动的补助、救灾补助等。

三、上级补助收入的主要账务处理如下：

（一）收到上级补助收入时，按照银行收款单的金额，借记“银行存款”科目，贷记本科目。

（二）年末清算时，存在上级应付未付补助款项的，借记“应收上级经费——应收上级补助”科目，贷记本科目。

（三）期末结转时，将本科目本期发生额中的专项资金收入转入工会资金结转，借记本科目（专项转移支付补助），贷记“工会资金结转——本年收支结转”科目；将本科目本期发生额中的非专项资金收入转入工会资金结余，借记本科目（一般性转移支付补助），贷记“工会资金结余——本年收支结转”科目。

四、本科目期末结转后无余额。

第 404 号科目　政府补助收入

一、本科目核算县级以上工会收到的各级人民政府按照工会法和国家的有关规定给予工会的补助款项，包括工会收到财政拨付的离退休人员离退休费和生活补贴、帮扶资金、送温暖经费、疗养事业补助、劳模补助、基建、维修及大型活动补助等。

二、本科目应当设置以下明细科目：

40401 财政拨款收入：核算县级以上工会从同级政府财政部门取得的财政拨款。

本明细科目下应当设置“基本支出”和“项目支出”两个明细科目，在“基本支出”明细科目下按照“人员经费”和“公用经费”进行明细核算，在“项目支出”明细科目下按照具体项目进行明细核算；同时，按照《政府收支分类科目》中“支出功能分类科目”的项级科目进行明细核算。

40402 非同级财政拨款收入：核算县级以上工会从非同级政府财政部门取得的政府补助收入。

本明细科目应当按照非同级财政拨款收入的类别、来源等进行明细核算。如有专项资金收入，还应按照具体项目进行明细核算。

三、政府补助收入的主要账务处理如下：

（一）财政拨款收入。

1. 财政直接支付方式下，根据收到的“财政直接支付入账通知书”及相关原始凭证，按照通知中直接支付的入账金额，借记有关支出科目，贷记本科目（财政拨款收入）。形成非货币性资产的，应当同时按照确定的资产成本，借记相关资产科目，贷记“资产基金”科目。

年末，根据本年度财政直接支付预算指标数与当年财政直接支付实际支出数的差额，借记“财政应返还额度”科目，贷记本科目（财政拨款收入）。

2. 财政授权支付方式下，根据收到的“授权支付到账通知书”，按照通知书中的授权支付额度，借记“零余额账户用款额度”科目，贷记本科目（财政拨款收入）。

年末，工会本年度财政授权支付预算指标数大于零余额账户用款额度下达数的，按照两者差额，借记“财政应返还额度”科目，贷记本科目（财政拨款收入）。

3. 其他方式下，按照本期预算收到财政拨款收入时，按照实际收到的金额，借记“银行存款”科目，贷记本科目（财政拨款收入）。

4. 因差错更正、购货退回等发生国库直接支付款项退回的，属于本年度支付的款项，按照退回金额，借记本科目（财政拨款收入），贷记“维权支出”“资本性支出”等科目。

（二）非同级财政拨款收入。

取得非同级财政拨款收入时，按照实际收到的金额，借记“银行存款”科目，贷记本科目（非同级财政拨款收入）。

（三）期末结转时，将本科目本期发生额中的财政拨款收入转入财政拨款结转，借记本科目（财政拨款收入），贷记“财政拨款结转——本年收支结转”科目；将本科目本期发生额中的非同级财政拨款专项资金收入转入工会资金结转，借记本科目（非同级财政拨款收入），贷记“工会资金结转——本年收支结转”科目；将本科目本期发生额中的非同级财政拨款非专项资金收入转入工会资金结余，借记本科目（非同级财政拨款收入），贷记“工会资金结余——本年收支结转”科目。

四、本科目期末结转后无余额。

第 405 号科目　行政补助收入

一、本科目核算基层工会取得的所在单位行政方面按照工会法和国家的有关规定给予工会的补助款项，包括工会收到行政拨付的劳动竞赛经费、工会开展活动的费用补助等，不包括行政方面按规定向工会拨缴的工会经费。

二、行政补助收入中如有专项资金收入，应当按照具体项目进行明细核算。

三、行政补助收入的主要账务处理如下：

（一）收到行政补助时，按照实际收到的金额，借记“银行存款”等科目，贷记本科目。

（二）期末结转时，将本科目本期发生额中的专项资金收入转入工会资金结转，借记本科目各专项资金收入明细科目，贷记“工会资金结转——本年收支结转”科目；将本科目本期发生额中的非专项资金收入转入工会资金结余，借记本科目各非专项资金收入明细科目，贷记“工会资金结余——本年收支结转”科目。

四、本科目期末结转后无余额。

第406号科目　附属单位上缴收入

一、本科目核算工会所属的企事业单位按规定上缴的收入。

二、本科目应当按照缴款项目或缴款单位名称设明细账。

所属单位上缴收入中如有专项资金收入，还应当按照具体项目进行明细核算。

三、附属单位上缴收入的主要账务处理如下：

（一）收到相关收入时，按照实际收到的金额，借记“银行存款”等科目，贷记本科目。

（二）期末结转时，将本科目本期发生额中的专项资金收入转入工会资金结转，借记本科目各专项资金收入明细科目，贷记“工会资金结转——本年收支结转”科目；将本科目本期发生额中的非专项资金收入转入工会资金结余，借记本科目各非专项资金收入明细科目，贷记“工会资金结余——本年收支结转”科目。

四、本科目期末结转后无余额。

第407号科目　投资收益

一、本科目核算工会对外投资发生的损益。

二、投资收益中如有专项资金收入，应当按照具体项目进行明细核算。

三、投资收益的主要账务处理如下：

（一）投资持有期间，收到利息、股利等投资收益时，按照实际收到的金额，借记“银行存款”科目，贷记本科目。

（二）对外转让或到期收回债券投资本息，按照实际收到的金额，借记“银行存款”科目，按照收回投资的账面余额，贷记“工会资金结余”科目，按照其差额，贷记或借记本科目；同时，按照收回投资的账面余额，借记“资产基金——投资”科目，贷记“投资”科目。

（三）期末结转时，将本科目本期发生额中的专项资金收入转入工会资金结转，借记本科目各专项资金收入明细科目，贷记“工会资金结转——本年收支结转”科目；将本科目本期发生额中的非专项资金收入转入工会资金结余，借记本科目各非专项资金收入明细科目，贷记“工会资金结余——本年收支结转”科目。

四、本科目期末结转后无余额。

第408号科目　其他收入

一、本科目核算除上述收入以外的各项收入，如资产盘盈、固定资产处置净收入、接受捐赠收入、银行存款利息收入等。

二、其他收入中如有专项资金收入，应当按照具体项目进行明细核算。

三、其他收入的主要账务处理如下：

（一）取得银行存款利息收入，借记“银行存款”等科目，贷记本科目。

（二）接受捐赠的款项，借记“银行存款”等科目，贷记本科目。

（三）每日现金账款核对中如发现现金溢余，属于无法查明原因的，报经批准后处理时，借记“待处理财产损益”科目，贷记本科目。

（四）已核销其他应收款在以后期间收回的，按照实际收回的金额，借记“银行存款”等科目，贷记本科目。

（五）盘亏或者毁损、报废的各类资产，报经批准处理后收支结清时，如果处理收入大于相关费用的，按照处理收入减去相关费用后的净收入，借记“待处理财产损溢”科目，贷记本科目，需按规定上缴同级政府财政的，贷记“其他应付款”科目。

（六）有偿调出、出售的固定资产和无形资产，按照有偿调出、出售过程中取得的价款，借记“银行存款”等科目，贷记本科目，按规定应上缴同级财政的，贷记“其他应付款”科目；同时，按照有偿调出、出售资产的账面价值，借记“资产基金”科目，按照已计提折旧或摊销，借记“累计折旧”“累计摊销”科目，按照资产的账面余额，贷记“固定资产”“无形资产”科目。

（七）期末结转时，将本科目本期发生额中的专项资金收入转入工会资金结转，借记本科目各专项资金收入明细科目，贷记“工会资金结转——本年收支结转”科目；将本科目本期发生额中的非专项资金收入转入工会资金结余，借记本科目各非专项资金收入明细科目，贷记“工会资金结余——本年收支结转”科目。

四、本科目期末结转后无余额。

第 411 号科目　动用预算稳定调节基金

一、本科目核算县级以上工会按照工会预算管理规定动用的预算稳定调节基金。

二、动用预算稳定调节基金的主要账务处理如下：

（一）按规定动用预算稳定调节基金时，按照动用的金额，借记“预算稳定调节基金”科目，贷记本科目。

（二）期末结转时，将本科目本期发生额转入工会资金结余科目，借记本科目，贷记“工会资金结余——本年收支结转”科目。

三、本科目期末结转后无余额。

五、支出类科目

第 501 号科目　职工活动支出

一、本科目核算基层工会开展职工教育活动、文体活动、宣传活动、劳模疗休养活动、会员活动等发生的支出。

二、本科目应当设置以下明细科目：

50101 职工教育支出：核算基层工会用于开展政治、法律、科技、业务等专题培训和职工技能培训所需的教材资料、教学用品、场地租金等方面的支出，用于支付职工教育活动聘请授课人员的酬金，用于基层工会开展的职工素质提升补助和职工教育培训优秀学员的奖励。

50102 文体活动支出：核算基层工会用于开展或参加上级

工会组织的职工业余文体活动所需器材、服装、用品等购置、租赁与维修方面的支出以及活动场地、交通工具的租金支出等，用于文体活动优胜者的奖励支出，用于文体活动中必要的伙食补助费。

50103 宣传活动支出：核算基层工会用于开展重点工作、重大主题和重大节日宣传活动所需的材料消耗、场地租金、购买服务等方面的支出，用于培育和践行社会主义核心价值观，弘扬劳模精神、劳动精神、工匠精神等经常性宣传活动方面的支出，用于基层工会开展或参加上级工会举办的知识竞赛、宣讲、演讲比赛、展览等宣传活动的支出。

50104 劳模职工疗休养支出：核算基层工会用于组织和开展的劳动模范和先进职工疗休养活动的公杂费等补助。

50105 会员活动支出：核算基层工会用于组织会员观看电影、文艺演出、开展春游秋游，为会员购买当地公园年票等的支出；用于基层工会在重大节日（传统节日）和会员生日、婚丧嫁娶、退休离岗的慰问支出。

50106 其他活动支出：核算基层工会用于开展其他活动的各项职工活动支出。

三、职工活动支出的主要账务处理如下：

（一）发生职工活动支出时，按照实际支付的金额，借记本科目，贷记“库存现金”“银行存款”等科目。支出的款项中有形成库存物品等资产的，应当同时按照确定的成本借记“库存物品”等科目，贷记“资产基金”科目。

（二）期末结转时，将本科目本期发生额中的工会资金专项资金支出转入工会资金结转，借记“工会资金结转——本年收支结转”科目，贷记本科目；将本科目本期发生额中的工会资金非专项资金支出转入工会资金结余，借记“工会资金结余——本年收支结转”科目，贷记本科目。

四、本科目期末结转后无余额。

第 502 号科目　职工活动组织支出

一、本科目核算县级以上工会组织开展职工教育活动、文体活动、宣传活动、劳模疗休养活动等发生的支出。

二、本科目应当按照工会预算管理等规定，参照“职工活动支出”科目设置明细科目。

三、职工活动组织支出的主要账务处理如下：

（一）发生职工活动组织支出时，按照实际支付的金额，借记本科目，贷记“库存现金”“银行存款”“零余额账户用款额度”等科目。支出的款项中有形成库存物品等资产的，应当同时按照确定的成本借记“库存物品”等科目，贷记“资产基金”科目。

（二）期末结转时，将本科目本期发生额中的财政拨款支出转入财政拨款结转，借记“财政拨款结转——本年收支结转”科目，贷记本科目；将本科目本期发生额中的工会资金专项资金支出转入工会资金结转，借记“工会资金结转——本年收支结转”科目，贷记本科目；将本科目本期发生额中的工会资金非专项资金支出转入工会资金结余，借记“工会资金结余——本年收支结转”科目，贷记本科目。

四、本科目期末结转后无余额。

第 503 号科目　职工服务支出

一、本科目核算工会开展职工劳动和技能竞赛活动、职工创新活动、建家活动、职工书屋、职工互助保障、心理咨询等工作发生的支出。

二、本科目应当设置以下明细科目：

50301　劳动和技能竞赛活动支出：核算工会组织开展合理化建议、技术革新、发明创造、岗位练兵、技术比武、技术培训等劳动和技能竞赛活动支出及其奖励支出。

50302　建家活动支出：核算工会组织建设、建家活动方面的支出。

50303　职工创新活动支出：核算工会开展的劳模和工匠人才创新工作、职工创新工作活动发生的支出。

50304　职工书屋活动支出：核算工会为建设职工书屋而发生的图书购置以及维护的支出。

50305　其他服务支出：核算工会组织和开展会员和职工普惠制服务、心理咨询、互助保障等其他方面的职工服务支出。

三、职工服务支出主要账务处理如下：

（一）发生职工服务支出时，按照实际支付的金额，借记本科目，贷记“库存现金”“银行存款”“零余额账户用款额度”等科目。支出的款项中有形成库存物品等资产的，应当同时按照确定的成本借记“库存物品”等科目，贷记“资产基金”科目。

（二）期末结转时，将本科目本期发生额中的财政拨款支出转入财政拨款结转，借记“财政拨款结转——本年收支结转”科目，贷记本科目；将本科目本期发生额中的工会资金专项资金支出转入工会资金结转，借记“工会资金结转——本年收支结转”科目，贷记本科目；将本科目本期发生额中的工会资金非专项资金支出转入工会资金结余，借记“工会资金结余——本年收支结转”科目，贷记本科目。

四、本科目期末结转后无余额。

第 504 号科目　维权支出

一、本科目核算工会用于维护职工权益的支出，包括劳动关系协调、劳动保护、法律援助、困难职工帮扶、送温暖和其他维权支出。

二、本科目应当设置以下明细科目：

50401　劳动关系协调支出：核算工会用于推进创建劳动关系和谐企业活动、加强劳动争议调解和队伍建设、开展劳动合同咨询活动、集体合同示范文本印制与推广等方面的支出。

50402　劳动保护支出：核算工会用于开展群众性安全生产和职业病防治活动、加强群众安全监督检查员队伍建设、开展职工心理健康维护等以促进安全健康生产、保护职工生命安全为宗旨开展的职工劳动保护发生的支出。

50403　法律援助支出：核算工会用于向职工群众提供法律咨询、法律服务等发生的支出。

50404　困难职工帮扶支出：核算工会用于对困难职工提供

资金和物质帮助等发生的支出。

50405 送温暖支出：核算工会用于开展春送岗位、夏送清凉、金秋助学和送温暖等活动发生的支出。

50406 其他维权支出：核算工会用于补助职工等其他方面的维权支出。

三、维权支出的主要账务处理如下：

（一）发生维权支出时，按照实际支付的金额，借记本科目，贷记“库存现金”“银行存款”“零余额账户用款额度”等科目。支出的款项中有形成库存物品等资产的，应当同时按照确定的成本借记“库存物品”等科目，贷记“资产基金”科目。

（二）县级以上工会提取工会干部权益保障金时，按照提取的金额，借记本科目，贷记“专用基金”科目。

（三）期末结转时，将本科目本期发生额中的财政拨款支出转入财政拨款结转，借记“财政拨款结转——本年收支结转”科目，贷记本科目；将本科目本期发生额中的工会资金专项资金支出转入工会资金结转，借记“工会资金结转——本年收支结转”科目，贷记本科目；将本科目本期发生额中的工会资金非专项资金支出转入工会资金结余，借记“工会资金结余——本年收支结转”科目，贷记本科目。

四、本科目期末结转后无余额。

第505号科目　业务支出

一、本科目核算工会培训工会干部、加强自身建设及开展业务工作发生的各项支出。

二、本科目应当设置以下明细科目：

50501　培训支出：核算工会用于开展工会干部和积极分子培训发生的支出。

50502　会议支出：核算工会用于工会会员大会或会员代表大会、委员会、常委会、经费审查委员会以及其他专业工作会议的各项支出。

50503　专项业务支出：核算工会用于开展组织建设、专题调研、专项工作、劳模津贴、劳模专项补助、扶贫活动及外事活动的支出。

50504　其他业务支出：核算工会发生的不属于以上业务开支的其他业务支出，如工会用于发放兼职工会干部和专职社会化工会工作者补贴的支出等。

三、业务支出主要账务处理如下：

（一）发生业务支出时，按照实际支付的金额，借记本科目，贷记“库存现金”“银行存款”“零余额账户用款额度”等科目。支出的款项中有形成库存物品等资产的，应当同时按照确定的成本借记“库存物品”等科目，贷记“资产基金”科目。

（二）期末结转时，将本科目本期发生额中的财政拨款支出转入财政拨款结转，借记“财政拨款结转——本年收支结转”科目，贷记本科目；将本科目本期发生额中的工会资金专项资金支出转入工会资金结转，借记“工会资金结转——本年收支结转”科目，贷记本科目；将本科目本期发生额中的工会资金非专项资金支出转入工会资金结余，借记“工会资金结余——

本年收支结转”科目，贷记本科目。

四、本科目期末结转后无余额。

第 506 号科目　行政支出

一、本科目核算县级以上工会为行政管理、后勤保障等发生的各项日常支出。

二、本科目应当设置以下明细科目：

50601　工资福利支出：核算工会开支的专职工作人员和长期聘用人员的各类劳动报酬，以及为上述人员缴纳的各项社会保险费等。包括：基本工资、津贴补贴、奖金、社会保障缴费、伙食补助费、住房公积金等。

50602　商品和服务支出：核算工会购买商品和服务的支出（不包括用于购置固定资产、无形资产的支出）。包括：办公费、印刷费、咨询费、手续费、水费、电费、邮电费、物业管理费、公务用车运行维护费（燃料费、维修费、过桥过路费、保险费、安全奖励费用等）、其他交通费用、差旅费（住宿费、城市间交通费、市内交通费、伙食补助费、杂费）、维修（护）费、租赁费、公务接待费、专用材料费、劳务费、委托业务费、工会经费、福利费等。

50603　对个人和家庭的补助支出：核算工会用于对个人和家庭的补助支出。包括：离休费、退休费、退职费、抚恤金、生活补助、医疗费补助等。

50604　其他行政支出：核算不能划分到上述明细科目的其他行政支出。

三、行政支出的主要账务处理如下：

（一）计算确认当期人员经费时，按照计算确定的金额，借记本科目，贷记“应付职工薪酬”科目。

（二）支出公用经费时，按照实际支付的金额，借记本科目，贷记“库存现金”“银行存款”“零余额账户用款额度”等科目。支出的款项中有购入库存物品的，应当同时按照确定的成本借记“库存物品”科目，贷记“资产基金”科目。

（三）期末结转时，将本科目本期发生额中的财政拨款支出转入财政拨款结转，借记“财政拨款结转——本年收支结转”科目，贷记本科目；将本科目本期发生额中的工会资金专项资金支出转入工会资金结转，借记“工会资金结转——本年收支结转”科目，贷记本科目；将本科目本期发生额中的工会资金非专项资金支出转入工会资金结余，借记“工会资金结余——本年收支结转”科目，贷记本科目。

四、本科目期末结转后无余额。

第 507 号科目　资本性支出

一、本科目核算工会从事建设工程、设备工具购置、大型修缮和信息网络购建而发生的实际支出。

二、本科目应当设置以下明细科目：

50701　房屋建筑物购建：核算工会用于购买、自行建造办公用房、仓库、食堂等建筑物（含附属设施，如电梯、通讯线路、电缆、水气管道等）的支出。

50702　办公设备购置：核算工会购置纳入固定资产核算范

围的办公家具和办公设备的支出。

50703 专用设备购置：核算工会购置具有专门用途、纳入固定资产核算范围的各类专用设备的支出。

50704 交通工具购置：核算工会用于购置各类交通工具的支出（含车辆购置税）。

50705 大型修缮：核算工会各类设备、建筑物等的大型修缮支出。

50706 信息网络购建：核算工会用于信息网络方面的支出。如计算机硬件、软件购置、开发、应用支出等。购建的计算机硬件、软件等不符合固定资产、无形资产确认标准的，不在此科目核算。

50707 其他资本性支出：核算工会其他上述科目中未包括的资本性支出。

三、资本性支出的主要账务处理如下：

（一）购置、有偿调入固定资产、无形资产等时，按照实际支出的金额，借记本科目，贷记“银行存款”“零余额账户用款额度”“政府补助收入”等科目；同时，按照确定的资产成本，借记“固定资产”“无形资产”科目，贷记“资产基金”科目。

（二）自行建造房屋建筑物等固定资产、对固定资产进行大型修缮等时，按照自行建造过程中发生的实际支出，借记本科目，贷记“银行存款”“零余额账户用款额度”“政府补助收入”等科目；同时，借记“在建工程”科目，贷记“资产基金——在建工程”科目。

（三）发生长期待摊费用时，按照实际支出的金额，借记本科目，贷记“银行存款”“零余额账户用款额度”“政府补助收入”等科目；同时，借记“长期待摊费用”科目，贷记“资产基金——长期待摊费用”科目。

（四）期末结转时，将本科目本期发生额中的财政拨款支出转入财政拨款结转，借记“财政拨款结转——本年收支结转”科目，贷记本科目；将本科目本期发生额中的工会资金专项资金支出转入工会资金结转，借记“工会资金结转——本年收支结转”科目，贷记本科目；将本科目本期发生额中的工会资金非专项资金支出转入工会资金结余，借记“工会资金结余——本年收支结转”科目，贷记本科目。

四、本科目期末结转后无余额。

第 508 号科目　补助下级支出

一、本科目核算县级以上工会为解决下级工会经费不足或根据有关规定给予下级工会的各类补助款项。

二、本科目应当设置以下明细科目：

50801　一般性转移支付补助：核算工会按有关规定对下级未指定用途的补助。

50802　专项转移支付补助：核算工会按有关规定对下级指定专门用途的项目补助，包括对下级的帮扶困难职工的补助、用于开展向困难职工和家庭送温暖活动的补助、救灾补助等。

三、补助下级支出的主要账务处理如下：

（一）发生补助下级支出时，按照实际支付的金额，借记本科目，贷记“银行存款”“零余额账户用款额度”等科目。

（二）年末清算时，存在应付未付下级补助款项的，借记本科目，贷记“应付下级经费——应付下级补助”科目。

（三）期末结转时，将本科目本期发生额中的财政拨款支出转入财政拨款结转，借记“财政拨款结转——本年收支结转”科目，贷记本科目；将本科目本期发生额中的工会资金专项资金支出转入工会资金结转，借记“工会资金结转——本年收支结转”科目，贷记本科目；将本科目本期发生额中的工会资金非专项资金支出转入工会资金结余，借记“工会资金结余——本年收支结转”科目，贷记本科目。

四、本科目期末结转后无余额。

第 509 号科目　对附属单位的支出

一、本科目核算工会按规定对所属企事业单位的补助。

二、本科目应当按照单位设置明细科目。

三、对附属单位的支出的主要账务处理如下：

（一）发生相关支出时，按照实际支付的金额，借记本科目，贷记“银行存款”“零余额账户用款额度”等科目。

（二）期末结转时，将本科目本期发生额中的财政拨款支出转入财政拨款结转，借记“财政拨款结转——本年收支结转”科目，贷记本科目；将本科目本期发生额中的工会资金专项资金支出转入工会资金结转，借记“工会资金结转——本年收支结转”科目，贷记本科目；将本科目本期发生额中的工会资金非专项资金支出转入工会资金结余，借记“工会资金结余——本年收支结转”科目，贷记本科目。

四、本科目期末结转后无余额。

第510号科目　其他支出

一、本科目核算工会除上述支出以外的各项支出，如资产盘亏、资产处置净损失、捐赠支出、汇兑损益以及按规定计提有关专用基金等。

二、其他支出的主要账务处理如下：

（一）每日现金账款核对中如发现现金短缺，属于无法查明原因的部分，报经批准后，借记本科目，贷记“待处理财产损溢”科目。

（二）核销预计无法收回的其他应收款时，报经批准后，借记本科目，贷记“待处理财产损溢”科目。

（三）接受捐赠、无偿调入或对外捐赠、无偿调出实物资产、无形资产时，发生应由本级工会承担的相关税费、运输费等的，借记本科目，贷记“银行存款”“零余额账户用款额度”等科目。

（四）报废、毁损的实物资产，处理收支结清时，如果处理收入小于相关费用的，按照相关费用减去处理收入后的净支出，借记本科目，贷记“待处理财产损溢”科目。

（五）对外捐赠支出，借记本科目，贷记“库存现金”“银行存款”等科目。

（六）提取权益保障金以外的专用基金时，借记本科目，贷记“专用基金”科目。

（七）期末确认外币汇兑损益时，借记或贷记本科目，贷记或借记“银行存款”等科目。

（八）期末结转时，将本科目本期发生额中的财政拨款支出转入财政拨款结转，借记“财政拨款结转——本年收支结转”科目，贷记本科目；将本科目本期发生额中的工会资金专项资金支出转入工会资金结转，借记“工会资金结转——本年收支结转”科目，贷记本科目；将本科目本期发生额中的工会资金非专项资金支出转入工会资金结余，借记“工会资金结余——本年收支结转”科目，贷记本科目。

三、本科目期末结转后无余额。

第 521 号科目　安排预算稳定调节基金

一、本科目核算县级以上工会按照工会预算管理规定使用超收的拨缴经费收入安排的预算稳定调节基金。

二、安排预算稳定调节基金的主要账务处理如下：

（一）按规定安排预算稳定调节基金时，按照计提的金额，借记本科目，贷记“预算稳定调节基金”科目。

（二）期末，将本科目本期发生额转入工会资金结余科目，借记“工会资金结余——本年收支结转”科目，贷记本科目。

三、本科目期末结转后无余额。

第四部分　会计报表格式

编 号	会计报表名称	编制期	编制主体
工会 01 表	资产负债表	月度、年度	各级工会
工会 02 表	收入支出表	月度、年度	各级工会
工会附 01 表	财政拨款收入支出表	年度	县级以上工会
工会附 02 表	国有资产情况表	年度	县级以上工会
工会附 03 表	成本费用表	月度、年度	县级以上工会

资产负债表

工会 01 表

编制单位：　　　　____年__月__日　　　　单位：元

资 产	年初余额	期末余额	负债与净资产	年初余额	期末余额
一、资 产			**二、负 债**		
流动资产：			应付职工薪酬		
货币资金			应付上级经费		
零余额账户用款额度＊			应付下级经费		
财政应返还额度			其他应付款		
应收上级经费			代管经费		
应收下级经费			**负债合计**		
其他应收款					

续 表

资 产	年初余额	期末余额	负债与净资产	年初余额	期末余额
库存物品			三、净资产		
流动资产合计			资产基金		
投 资			专用基金		
在建工程			工会资金结转		
固定资产原值			工会资金结余		
减：累计折旧			财政拨款结转		
固定资产净值			财政拨款结余		
无形资产原值			预算稳定调节基金		
减：累计摊销			净资产合计		
无形资产净值					
长期待摊费用					
待处理财产损溢					
资产总计			负债与净资产总计		

注：“*”标识项目为中期报表项目，年报中不需列示。

收入支出表

工会 02 表

编制单位：　　　　____年__月　　　　单位：元

项 目	本月数	本年累计数
一、年初资金结转结余		
（一）年初资金结转		
（二）年初资金结余		
二、资金结转结余调整及变动		
三、收入合计		
（一）会费收入		
（二）拨缴经费收入		
（三）上级补助收入		
（四）政府补助收入		
（五）行政补助收入		
（六）附属单位上缴收入		
（七）投资收益		
（八）其他收入		
（九）动用预算稳定调节基金		
四、支出合计		
（一）职工活动支出		
（二）职工活动组织支出		
（三）职工服务支出		

续　表

项　目	本月数	本年累计数
（四）维权支出		
（五）业务支出		
（六）行政支出		
（七）资本性支出		
（八）补助下级支出		
（九）对附属单位的支出		
（十）其他支出		
（十一）安排预算稳定调节基金		
五、本期收支差额		
六、年末资金结转结余		
（一）年末资金结转		
（二）年末资金结余		

财政拨款收入支出表

工会附 01 表

编制单位：　　　　　　　　　　　　____年　　　　　　　　　　　　单位：元

项目	年初财政拨款结转结余		调整年初财政拨款结转结余	本年归集上缴	单位内部调剂		本年财政拨款收入	本年财政拨款支出	年末财政拨款结转结余	
	结转	结余			结转	结余			结转	结余
基本支出：										
1. 人员经费										
2. 公用经费										
项目支出：										
1. ×× 项目										
2. ×× 项目										
……										
总计										

国有资产情况表

工会附 02 表

编制单位：　　　　　　____年　　　　　　单位：元

项　目	年初余额	年末余额
流动资产：		
货币资金		
财政应返还额度		
库存物品		
流动资产合计		
非流动资产：		
在建工程		
固定资产原值		
减：累计折旧		
固定资产净值		
无形资产原值		
减：累计摊销		
无形资产净值		
长期待摊费用		
非流动资产合计		
资产总计		

成本费用表

工会附 03 表

编制单位：　　　　　＿＿＿年＿月　　　　　单位：元

项　目	本月数	本年累计数
职工活动组织费用		
职工服务费用		
维权费用		
业务费用		
行政费用		
补助下级费用		
对附属单位的费用		
折旧及摊销费用		
其他费用		
调整事项		
费用总计		

第五部分　会计报表编制说明

一、资产负债表编制说明

（一）本表反映工会某一特定日期全部资产、负债和净资产的情况。工会至少应当编制月度、年度资产负债表，可以根据需要编制季度、半年度资产负债表。

（二）编制年度资产负债表时，将“期末余额”栏改为“年末余额”栏。

（三）本表“年初余额”栏内各项目，应当根据上年度资产负债表“年末余额”栏内各对应项目数字填列。

（四）本表“期末余额”栏各项目的内容和填列方法。

1. 资产类项目。

（1）“货币资金”项目，反映工会期末库存现金、银行存款的合计数。本项目应当根据“库存现金”“银行存款”科目的期末余额的合计数填列。

（2）“零余额账户用款额度”项目，反映县级以上工会期末尚未支用的零余额账户用款额度金额。本项目仅在中期报表中列示，年度报表中不列示。本项目应当根据“零余额账户用款额度”科目的期末余额填列。

（3）“财政应返还额度”项目，反映县级以上工会期末财政应返还额度的金额。本项目应当根据“财政应返还额度”科目的期末余额填列。

（4）“应收上级经费”项目，反映工会期末应收未收的上级工会应转拨（或拨付）的工会拨缴经费及补助金额。本项目应当根据“应收上级经费”科目的期末余额填列。

（5）“应收下级经费”项目，反映县级以上工会期末应收未收的下级工会应上缴的工会拨缴经费金额。本项目应当根据“应收下级经费”科目的期末余额填列。

（6）“其他应收款”项目，反映工会期末尚未收回的其他应收款金额。本项目应当根据“其他应收款”科目的期末余额填列。

（7）“库存物品”项目，反映工会期末存储的库存物品的实际成本。本项目应当根据“库存物品”科目的期末余额填列。

（8）“流动资产合计”项目，反映工会期末流动资产的合计数。本项目应当根据本表中“货币资金”“零余额账户用款额度”[中期报表]、“财政应返还额度”“应收上级经费”“应收下级经费”“其他应收款”和“库存物品”项目金额的合计数填列。

（9）“投资”项目，反映工会期末持有的投资账面余额。本项目应当根据“投资”科目的期末余额填列。

（10）“在建工程”项目，反映工会期末所有的建设项目工程的实际成本。本项目应当根据“在建工程”科目的期末余额填列。

（11）“固定资产原值”项目，反映工会期末固定资产的原值。本项目应当根据“固定资产”科目的期末余额填列。

“累计折旧”项目，反映工会期末固定资产已计提的累计折旧金额。本项目应当根据“累计折旧”科目的期末余额填列。

“固定资产净值”项目，反映工会期末固定资产的账面价值。本项目应当根据“固定资产”科目期末余额减去“累计折旧”科目期末余额后的金额填列。

（12）“无形资产原值”项目，反映工会期末无形资产的原值。本项目应当根据“无形资产”科目的期末余额填列。

“累计摊销”项目，反映工会期末无形资产已计提的累计摊销金额。本项目应当根据“累计摊销”科目的期末余额填列。

“无形资产净值”项目，反映工会期末无形资产的账面价值。本项目应当根据“无形资产”科目期末余额减去“累计摊销”科目期末余额后的金额填列。

（13）“长期待摊费用”项目，反映工会期末已经支出，但应由本期和以后各期负担的分摊期限在 1 年以上（不含 1 年）的各项支出金额。本项目应当根据“长期待摊费用”科目的期末余额填列。

（14）“待处理财产损溢”项目，反映工会期末尚未处理完毕的各种资产的净损失或净溢余。本项目应当根据“待处理财产损溢”科目的期末借方余额填列；如“待处理财产损溢”科目期末为贷方余额，以“-”号填列。

（15）“资产总计”项目，反映工会期末资产的合计数。本项目应当根据本表中“流动资产合计”“投资”“在建工程”“固定资产净值”“无形资产净值”“长期待摊费用”和“待处理财产损溢”项目金额的合计数填列。

2. 负债类项目。

（1）“应付职工薪酬”项目，反映县级以上工会期末按有关规定应付给职工及为职工支付的各种薪酬金额。本项目应当根据“应付职工薪酬”科目的期末余额填列。

（2）“应付上级经费”项目，反映工会期末应缴未缴上级的工会拨缴经费金额。本项目应当根据“应付上级经费”科目的期末余额填列。

（3）“应付下级经费”项目，反映县级以上工会期末应付未付下级的转拨（或拨付）工会拨缴经费及补助金额。本项目应当根据“应付下级经费”科目的期末余额填列。

（4）“其他应付款”项目，反映工会期末尚未支付的其他应付及暂收款项金额。本项目应当根据“其他应付款”科目的期末余额填列。

（5）“代管经费”项目，反映工会期末受托代管的其他组织的资金金额。本项目应当根据“代管经费”科目的期末余额填列。

（6）“负债合计”项目，反映工会期末负债的合计数。本项目应当根据本表中“应付职工薪酬”“应付上级经费”“应付下级经费”“其他应付款”和“代管经费”项目金额的合计数填列。

3. 净资产类项目。

（1）“资产基金”项目，反映工会期末库存物品、投资、在建工程、固定资产、无形资产、长期待摊费用等非货币性资产在净资产中占用的金额。本项目应当根据“资产基金”科目的期末余额填列。

（2）“专用基金”项目，反映县级以上工会期末累计提取但尚未使用的专用基金余额。本项目应当根据“专用基金”科目的期末余额填列。

（3）“工会资金结转”项目，反映工会累计滚存的除财政拨款外的工会经费结转金额。本项目应当根据“工会资金结转”科目的期末余额填列。

（4）“工会资金结余”项目，反映工会累计滚存的除财政拨款外的工会经费结余金额。本项目应当根据“工会资金结余”科目的期末余额填列。

（5）“财政拨款结转”项目，反映县级以上工会累计滚存的财政拨款结转金额。本项目应当根据“财政拨款结转”科目的期末余额填列。

（6）“财政拨款结余”项目，反映县级以上工会累计滚存的财政拨款结余金额。本项目应当根据“财政拨款结余”科目的期末余额填列。

（7）“预算稳定调节基金”项目，反映县级以上工会累计滚存的预算稳定调节基金金额。本项目应当根据“预算稳定调节基金”科目的期末余额填列。

（8）“净资产合计”项目，反映工会期末净资产合计数。本项目应当根据本表中“资产基金”“专用基金”“工会资金结转”“工会资金结余”“财政拨款结转”“财政拨款结余”和“预算稳定调节基金”项目金额的合计数填列。

（9）“负债与净资产总计”项目，应当根据本表中“负债合计”和“净资产合计”项目金额的合计数填列。

二、收入支出表编制说明

（一）本表反映工会某一会计期间全部收入、支出和结转结余的情况。工会至少应当编制月度、年度收入支出表，可以根据需要编制季度、半年度收入支出表。

（二）编制年度收入支出表时，将“本月数”栏改为“本年数”栏，将“本年累计数”栏改为“上年数”栏。

（三）本表“本月数”栏内各项目，根据本月各项目的实际发生额填列。年度收入支出表“本年数”栏内各项目，根据本年度各项目的实际发生额填列。

本表“本年累计数”栏内各项目，根据自年初至本期期末各项目的累计实际发生额填列，也可以根据上月收入支出表“本年累计数”加上本月收入支出表“本月数”后的金额填列。

年度收入支出表“上年数”栏内各项目，根据上年度收入支出表“本年数”栏内各对应项目数字填列。

（四）本表“本月数”栏各项目的内容和填列方法。

1.“年初资金结转结余”项目及其所属各明细项目，反映工会本年初所有资金结转结余的金额。本项目及其所属各明细项目，仅在编制年度收入支出表时填列。

“年初资金结转结余”项目根据各明细项目的合计数填列。“年初资金结转”项目根据“工会资金结转”“财政拨款结转”科目年初余额的合计数填列。“年初资金结余”项目根据“工会资金结余”“财政拨款结余”科目年初余额的合计数填列。

本项目及其所属各明细项目的数额，应当与上年年度收入支出表中“年末资金结转结余”中各项目的金额相等。

2.“资金结转结余调整及变动”项目，反映工会因发生需要调整以前年度各项资金结转结余的事项导致各项资金结转结余发生变动的金额。本项目根据“工会资金结转”“工会资金结余”“财政拨款结转”“财政拨款结余”科目下“年初余额调整”“归集上缴”科目本期发生额的合计数填列。若为负数，以“-”号填列。

3. 收入类项目。

（1）“收入合计”项目，反映工会本期收入总额。本项目应当根据本表中“会费收入”“拨缴经费收入”“上级补助收入”“政府补助收入”“行政补助收入”“附属单位上缴收入”“投资收益”“其他收入”和“动用预算稳定调节基金”项目金额的合计数填列。

（2）“会费收入”项目，反映基层工会收到的工会会员会费的金额。本项目应当根据“会费收入”科目的本期发生额填列。

（3）“拨缴经费收入”项目，反映工会收到的基层单位行政拨缴、下级工会按规定上缴及上级工会按规定转拨的工会拨缴经费中归属于本级工会的经费金额。本项目应当根据“拨缴经费收入”科目的本期发生额填列。

（4）“上级补助收入”项目，反映工会收到的上级工会给予的补助金额。本项目应当根据“上级补助收入”科目的本期发生额填列。

（5）“政府补助收入”项目，反映县级以上工会收到的各级人民政府按照工会法和国家的有关规定给予工会的补助金额。本项目应当根据“政府补助收入”科目的本期发生额填列。

（6）“行政补助收入”项目，反映基层工会收到的所在单位行政方面按照工会法和国家的有关规定给予工会的补助金额。

本项目应当根据“行政补助收入”科目的本期发生额填列。

（7）“附属单位上缴收入”项目，反映工会收到的所属企事业单位按规定上缴的金额。本项目应当根据“附属单位上缴收入”科目的本期发生额填列。

（8）“投资收益”项目，反映工会收到的对外投资发生的损益金额。本项目应当根据“投资收益”科目的本期发生额填列；如为投资净损失，以“-”号填列。

（9）“其他收入”项目，反映工会收到的各类其他收入的金额。本项目应当根据“其他收入”科目的本期发生额填列。

（10）“动用预算稳定调节基金”项目，反映县级以上工会按照工会预算管理规定动用的预算稳定调节基金金额。本项目应当根据“动用预算稳定调节基金”科目的本期发生额填列。

4. 支出类项目。

（1）“支出合计”项目，反映工会本期支出总额。本项目应当根据本表中“职工活动支出”“职工活动组织支出”“职工服务支出”“维权支出”“业务支出”“行政支出”“资本性支出”“补助下级支出”“对附属单位的支出”“其他支出”和“安排预算稳定调节基金”项目金额的合计数填列。

（2）“职工活动支出”项目，反映基层工会开展职工教育活动、文体活动、宣传活动、劳模疗休养活动、会员活动等发生的支出金额。本项目应当根据“职工活动支出”科目的本期发生额填列。

（3）“职工活动组织支出”项目，反映县级以上工会组织开展职工教育活动、文体活动、宣传活动、劳模疗休养活动等发生的支出金额。本项目应当根据“职工活动组织支出”科目的本期发生额填列。

（4）“职工服务支出”项目，反映工会开展职工劳动和技能竞赛活动、职工创新活动、建家活动、职工书屋、职工互助保障、心理咨询等工作发生的支出金额。本项目应当根据“职工服务支出”科目的本期发生额填列。

（5）“维权支出”项目，反映工会用于维护职工权益的支出金额。本项目应当根据“维权支出”科目的本期发生额填列。

（6）“业务支出”项目，反映工会培训工会干部、加强自身建设及开展业务工作发生的支出金额。本项目应当根据“业务支出”科目的本期发生额填列。

（7）“行政支出”项目，反映县级以上工会为行政管理、后勤保障等发生的各项日常支出金额。本项目应当根据“行政支出”科目的本期发生额填列。

（8）“资本性支出”项目，反映工会从事建设工程、设备工具购置、大型修缮和信息网络购建而发生的实际支出金额。本项目应当根据“资本性支出”科目的本期发生额填列。

（9）“补助下级支出”项目，反映县级以上工会为解决下级工会经费不足或根据有关规定给予下级工会的各类补助金额。本项目应当根据“补助下级支出”科目的本期发生额填列。

（10）“对附属单位的支出”项目，反映工会按规定对所属企事业单位的补助金额。本项目应当根据“对附属单位的支出”科目的本期发生额填列。

（11）“其他支出”项目，反映工会发生的各项其他支出的金额。本项目应当根据“其他支出”科目的本期发生额填列；如为贷方发生额，以“-”号填列。

（12）“安排预算稳定调节基金”项目，反映县级以上工会按照有关规定使用超收的拨缴经费收入安排的预算稳定调节基金金额。本项目应当根据“安排预算稳定调节基金”科目的本期发生额填列。

5.“本期收支差额”项目，反映工会本期发生的各项资金收入和支出相抵后的余额。本项目应当根据本表中“收入合计”项目金额减去“支出合计”项目金额后的余额填列。如为负数，以“-”号填列。

6.“年末资金结转结余”项目及其所属各明细项目，反映工会本年各项资金结转结余的年末余额。本项目及其所属各明细项目，仅在编制年度收入支出表时填列。

“年末资金结转结余”项目根据各明细项目的合计数填列。“年末资金结转”项目根据“工会资金结转”“财政拨款结转”科目年末余额的合计数填列。“年末资金结余”项目根据“工会资金结余”“财政拨款结余”科目年末余额的合计数填列。

三、财政拨款收入支出表编制说明

（一）本表反映县级以上工会本年财政拨款的收入、支出和结转结余的情况。县级以上工会应当按年度编制财政拨款收入支出表。

不从同级政府财政部门取得财政拨款的县级以上工会，不填列本表。

（二）本表“项目”栏内各项目，应当根据县级以上工会取得的财政拨款分项设置。其中“项目支出”项目下，根据每个项目设置。

（三）本表各栏及其对应项目的内容和填列方法。

1.“年初财政拨款结转结余”栏中各项目，反映县级以上工会年初各项财政拨款结转结余的金额。各项目应当根据“财政拨款结转”“财政拨款结余”科目及其明细科目的年初余额填列。本栏中各项目的数额应当与上年度财政拨款收入支出表中“年末财政拨款结转结余”栏中各项目的数额相等。

2.“调整年初财政拨款结转结余”栏中各项目，反映县级以上工会对年初财政拨款结转结余的调整金额。各项目应当根据“财政拨款结转”“财政拨款结余”科目下“年初余额调整”明细科目及其所属明细科目的本年发生额填列；如调整减少年初财政拨款结转结余，以“-”号填列。

3.“本年归集上缴”栏中各项目，反映县级以上工会本年按规定实际上缴的财政拨款结余资金金额。各项目应当根据“财政拨款结余”科目下“归集上缴”科目及其所属明细科目的本年发生额，以“-”号填列。

4.“单位内部调剂”栏中各项目，反映县级以上工会本年财政拨款结转结余资金在工会内部不同项目等之间的调剂金额。各项目应当根据“财政拨款结转”和“财政拨款结余”科目下的“单位内部调剂”明细科目及其所属明细科目的本年发生额填列；对工会内部调剂减少的财政拨款结余金额，以“-”号填列。

5.“本年财政拨款收入”栏中各项目，反映县级以上工会本年从同级政府部门取得的财政预算拨款金额。各项目应当根据“政府补助收入”科目下“财政拨款收入”明细科目及其所属明细科目的本年发生额填列。

6.“本年财政拨款支出”栏中各项目，反映县级以上工会本年发生的财政拨款支出金额。各项目应当根据除“安排预算稳定调节基金”科目以外的各支出类科目下“财政拨款”明细科目及其所属明细科目的本年发生额填列。

7.“年末财政拨款结转结余”栏中各项目，反映县级以上工会年末财政拨款结转结余的金额。各项目应当根据“财政拨款结转”“财政拨款结余”科目及其所属明细科目的年末余额填列。

四、国有资产情况表编制说明

（一）本表反映县级以上工会年末持有的国有资产情况。县级以上工会应当按年度编制国有资产情况表。

（二）本表“年初余额”栏各项目金额，应当根据上年度国有资产情况表“年末余额”栏内各对应项目数字填列。

（三）本表“年末余额”栏各项目的内容和填列方法。

1.“货币资金”项目，反映县级以上工会年末库存现金及银行存款中财政拨款的合计数。本项目应当根据“库存现金”“银行存款”科目下“国有资产”明细科目年末余额的合计数填列。

2.“财政应返还额度”项目，反映县级以上工会年末财政应返还额度的金额。本项目应当根据“财政应返还额度”科目的年末余额填列。

3.“库存物品”项目，反映县级以上工会年末存储的财政拨款形成的库存物品的实际成本。本项目应当根据“库存物品”科目下“国有资产”明细科目的年末余额填列。

4.“流动资产合计”项目，反映工会期末流动资产中国有资产的合计数。本项目应当根据本表中“货币资金”“财政应返还额度”“库存物品”项目金额的合计数填列。

5.“在建工程”项目，反映县级以上工会年末所有的建设项目工程中国有资产部分的实际成本。本项目应当根据“在建工程”科目下“国有资产”明细科目的年末余额填列。

6.“固定资产原值”项目，反映县级以上工会年末固定资产中国有资产部分的原值。本项目应当根据“固定资产”科目下“国有资产”明细科目的年末余额填列。

“累计折旧”项目，反映县级以上工会年末固定资产中国有资产部分已计提的累计折旧金额。本项目应当根据“累计折旧”科目下“国有资产”明细科目的年末余额填列。

“固定资产净值”项目，反映县级以上工会年末固定资产中国有资产部分的账面价值。本项目应当根据“固定资产原值”项目减去“累计折旧”项目后的金额填列。

7.“无形资产原值”项目，反映县级以上工会年末无形资产中国有资产部分的原值。本项目应当根据“无形资产”科目下“国有资产”明细科目的年末余额填列。

“累计摊销”项目，反映县级以上工会年末无形资产中国有资产部分已计提的累计摊销金额。本项目应当根据“累计摊销”科目下“国有资产”明细科目的年末余额填列。

“无形资产净值”项目，反映县级以上工会年末无形资产中国有资产部分的账面价值。本项目应当根据“无形资产原值”项目减去“累计摊销”项目后的金额填列。

8. “长期待摊费用”项目，反映县级以上工会年末已经支出的，应由本期和以后各期负担的分摊期限在 1 年以上（不含 1 年）的财政拨款支出。本项目应当根据“长期待摊费用”科目下“国有资产”明细科目的年末余额填列。

9. “非流动资产合计”项目，反映县级以上工会年末非流动资产中国有资产的合计数。本项目应当根据本表中“在建工程”“固定资产净值”“无形资产净值”“长期待摊费用”项目金额的合计数填列。

10. “资产总计”项目，反映县级以上工会年末国有资产的合计数。本项目应当根据“流动资产合计”项目与“非流动资产合计”项目金额的合计数填列。

五、成本费用表编制说明

（一）本表反映县级以上工会某一会计期间内的成本费用情况。县级以上工会至少应当编制月度、年度成本费用表，可以根据需要编制季度、半年度成本费用表。

（二）编制年度成本费用表时，将“本月数”栏改为“本年数”栏，将“本年累计数”栏改为“上年数”栏。

（三）本表“本月数”栏内各项目，根据本月各项目的实际发生额填列。年度成本费用表“本年数”栏内各项目，根据本年度各项目的实际发生额填列。

本表“本年累计数”栏内各项目，根据自年初至本期期末各项目的累计实际发生额填列，也可以根据上月成本费用表“本年累计数”加上本月成本费用表“本月数”后的金额填列。

年度成本费用表“上年数”栏内各项目，根据上年度成本费用表“本年数”栏内各对应项目数字填列。

（四）本表“本月数”栏各项目的内容和填列方法。

1.“职工活动组织费用”项目，反映县级以上工会组织开展职工教育活动、文体活动、宣传活动、劳模疗休养活动等所发生的费用。本项目根据“职工活动组织支出”科目的本期发生额填列。

2.“职工服务费用”项目，反映县级以上工会开展职工劳动和技能竞赛活动、职工创新活动、建家活动、职工书屋、职工互助保障、心理咨询等工作发生的费用。本项目根据“职工服务支出”科目的本期发生额填列。

3.“维权费用”项目，反映县级以上工会用于维护职工权益的费用。本项目根据“维权支出”科目的本期发生额填列。

4.“业务费用”项目，反映县级以上工会培训工会干部、加强自身建设及开展业务工作发生的费用。本项目根据“业务支出”科目的本期发生额填列。

5.“行政费用”项目，反映县级以上工会为行政管理、后勤保障等发生的各项费用。本项目根据“行政支出”科目的本期发生额填列。

6.“补助下级费用”项目，反映县级以上工会补助下级发生的费用。本项目根据“补助下级支出”科目的本期发生额填列。

7.“对附属单位的费用”项目，反映县级以上工会按规定对附属企事业单位补助发生的费用。本项目根据“对附属单位的支出”科目的本期发生额填列。

8.“折旧及摊销费用”项目，反映县级以上工会应承担的折旧、摊销及待摊费用。本项目根据“累计折旧”“累计摊销”“长期待摊费用”科目本期贷方发生额的合计数填列。

9.“其他费用”项目，反映县级以上工会发生的除以上费用项目外的其他费用。本项目根据“其他支出”科目的本期发生额填列。

10.“调整事项”项目，反映由于会计核算基础差异导致的费用调整金额。本项目根据本期调整事项的实际发生额填列，若为调减事项，以“-”号填列。

11.“费用总计”项目，反映县级以上工会发生的成本费用合计数。本项目根据本表中“职工活动组织费用”“职工服务费用”“维权费用”“业务费用”“行政费用”“补助下级费用”“对附属单位的费用”“折旧及摊销费用”“其他费用”和“调整事项”项目金额的合计数填列。

（五）调整事项。

1. 调整库存物品对当期费用的影响。

当期购入库存物品的支出，不作为当期费用；当期领用、发出库存物品对应的支出，作为当期费用。县级以上工会应当将“库存物品”科目期初余额减去期末余额后的差额，作为当期费用的调增金额。

2. 调整在建工程对当期费用的影响。

建设项目竣工验收并交付使用时，县级以上工会应当将在建工程中“待核销基建支出”明细科目的本期发生额计入当期费用，作为当期费用的调增金额。

3. 调整其他事项对当期费用的影响。

存在其他事项因核算基础不同导致当期费用与支出存在差异的，比照上述原则进行处理。

第六部分　会计报表附注

一、工会的年度会计报表附注至少应当披露下列内容：

（一）遵循《工会会计制度》的声明；

（二）整体财务状况、预算执行情况的说明；

（三）重要会计政策、会计估计及其变更情况的说明；

（四）会计报表重要项目的进一步说明，包括其主要构成、增减变动情况等；

（五）重要资产处置、资产重大损失情况的说明；

（六）以名义金额计量的资产名称、数量等情况，以及以名义金额计量理由的说明；

（七）以前年度结转结余调整情况的说明；

（八）有助于理解和分析会计报表需要说明的其他事项。

二、法律、行政法规和国家统一的会计制度另有规定的，从其规定。

附录 2

工会固定资产折旧年限表

固定资产类别	内容		折旧年限（年）
房屋及构筑物	业务及管理用房	钢结构	不低于 50
		钢筋混凝土结构	不低于 50
		砖混结构	不低于 30
		砖木结构	不低于 30
	简易房		不低于 8
	房屋附属设施		不低于 8
	构筑物		不低于 8
通用设备	计算机设备		不低于 6
	办公设备		不低于 6
	车辆		不低于 8
	图书档案设备		不低于 5
	机械设备		不低于 10
	电气设备		不低于 5
	雷达、无线电和卫星导航设备		不低于 10
	通信设备		不低于 5
	广播、电视、电影设备		不低于 5
	仪器仪表		不低于 5
	电子和通信测量设备		不低于 5
	计量标准器具及量具、衡器		不低于 5

续 表

固定资产类别	内容	折旧年限（年）
专用设备	食品加工专用设备	10—15
	纺织设备	10—15
	缝纫、服饰、制革和毛皮加工设备	10—15
	医疗设备	5—10
	安全生产设备	10—20
	环境污染防治设备	10—20
	文艺设备	5—15
	体育设备	5—15
	娱乐设备	5—15
家具、用具及装具	家具	不低于 15
	用具、装具	不低于 5

图书在版编目（CIP）数据

工会财务工作百问百答／祝映兰编著. —北京：中国工人出版社，2021.7
ISBN 978-7-5008-7614-4

Ⅰ. ①工… Ⅱ. ①祝… Ⅲ. ①工会工作—财务管理—中国—问题解答
Ⅳ. ①D412.67-44

中国版本图书馆CIP数据核字（2021）第137321号

工会财务工作百问百答

出 版 人 王娇萍
责任编辑 赵晨羽
责任印制 栾征宇
出版发行 中国工人出版社
地 址 北京市东城区鼓楼外大街45号 邮编：100120
网 址 http://www.wp-china.com
电 话 （010）62005043（总编室）
（010）62005039（印制管理中心）
（010）62382916（工会与劳动关系分社）
发行热线 （010）82029051 62383056
经 销 各地书店
印 刷 北京市密东印刷有限公司
开 本 880毫米×1230毫米 1/32
印 张 10.5
字 数 210千字
版 次 2021年8月第1版 2025年 8 月第10次印刷
定 价 48.00元